Behindert werden? Behindert sein?

Persönlichkeits-Portraits von Menschen mit verschiedenen psychosozialen Gesundheitsproblemen – historisch sowie aktuell Lebende

Texte von
Heike Oldenburg

Dieses Buch gibt es auch als ebook.

Titelbild:
Heike Oldenburg mit dem Bremer Original Heini Holtenbeen
Foto: Tim Lovis

Bibliografische Information der Deutschen Nationalbibliothek:
Die Deutsche Nationalbibliothek verzeichnet diese Publikation in der Deutschen
Nationalbibliografie; detaillierte bibliografische Daten sind im Internet über
dnb.dnb.de abrufbar.

Verlag: BoD
Lektorin: Jutta Bratz
Layout: neusta communications GmbH
Herstellung: BoD

ISBN: 9783752648867

Behindert werden? Behindert sein?

Persönlichkeits-Portraits von Menschen
mit psychosozialen Gesundheitsproblemen

Texte von Heike Oldenburg

mit Bildern

Herausgeberin:
Der Verein für Innere Mission in Bremen

Inhalt

Möge Gott dich beschützen

Möge Gott dich beschützen
Um der Arbeit willen, die du getan hast.
Möge Gott deine Kräfte schützen,
und ich wünsche mir, dass du weiter machst.

Mit der Arbeit, die du gemacht hast,
kannst du einer Menge Menschen helfen.
Vielleicht hast du dies noch nicht bemerkt.
Es ist wie einen Apfel essen.

Möge Gott dich führen, wo du hingehst,
und möge er dir in Zukunft immer helfen,
weil du sehr mutig bist.
Möge Gott dir helfen, die Türen zu öffnen.

Ich hoffe, wir können uns wieder sehen,
aber wir tun nicht alle das Gleiche.
Wir setzen uns und sprechen miteinander.
Ich bin sicher, alles ist in Ordnung.
Als ich dich kennen lernte,
machtest du mich mich so stark fühlen.

*(Gedicht von Martin aus Malta
nach einem Besuch im Jahr 2006, übersetzt H.O.)*

Durch langjähriges psychosoziales Engagement bin ich, Heike Oldenburg, geb. Oktober 1962 in Bremen, „Expertin in eigener Sache." Krisenerfahren seit 1989, Psychiatrie-Geschädigte und Rollatornutzerin nach einem Unfall im Frühjahr 2001, bin ich mehrfachbehindert. Nach der Genesungsphase habe in einer Behinderte-Frauen-Organisation in Berlin begonnen mich politisch mit dem Konzept Selbstbestimmt-Leben genauer zu befassen. Es lagen bereits zwölf Jahre Erfahrung mit Lebensalltag als Frau mit psychosozialen Gesundheitsproblemen hinter mir. Seit dem Jahr 2004 schreibe ich Texte zu vielen Themen in vielen Zeitungen und Zeitschriften und online. Das Persönlichkeits-Portrait ist eine meiner Lieblingsformen beim Schreiben.

Die Art und Weise, wie Menschen leben und ihre Probleme bewältigen, die sich aus dem „So sein", aus der Umwelt sowie aus den politischen Gegebenheiten ergeben, haben mich schon immer sehr interessiert. Mein Nebenfach im Anglistik-Studium war Psychologie.

Hier stelle ich eine Auswahl meiner Persönlichkeits-Portraits vor. Es sind historische Portraits wie auch Portraits von lebenden Personen. Die Sammlung wird durch Comicbesprechungen ergänzt, in denen es ebenfalls um erfolgreiche Alltagsbewältigung bei Einzelpersonen geht. Die Frauen und Männer mussten und/oder müssen mit psychischen Gesundheitsproblemen leben, sie müssen mit einer Diagnose, einem Stempel zurechtkommen. Nicht selten zieht die eine Einschränkungsform eine andere nach sich. Wenn zur psychiatrischen Diagnose eine oder mehrere Körperbehinderungen hinzukommen, müssen die Betroffenen mehrere unterschiedliche Belastungen bewältigen. Zuerst müssen sie sich um das eigene psychische Wohlergehen kümmern. Dann müssen sie sich auch um die Schwachstellen ihres Körpers sorgen. Diskriminierungen durch andere Menschen wegen des mehr oder weniger offensichtlichen Andersseins kommen erschwerend hinzu. Diskriminierungen sind manchmal plattdirekt, manchmal sehr subtil, oft kaum wahrnehmbar. Auch Ämter und Krankenkassen sind nicht immer feinfühlig im Umgang mit schwerbehinderten Personen.

Die Menschenwürde ist mir beim Schreiben immer im Blick. Ich möchte die innere Stärke dieser Menschen aufzeigen – wie sie trotz ihrer Behinderung und trotz häufig schwieriger äußerer Umstände ihr Leben gestalten konnten oder/und können. Es hat schon immer Menschen gegeben – auch Frauen, auch junge Menschen –, die sich erfolgreich gegen sie behindernde Verhältnisse aufgelehnt haben.

Die Texte sind danach geordnet, wann die Menschen geboren wurden, die Comicbesprechungen danach, wann die Comics erschienen sind.

Es wird im Text immer die weibliche Form benutzt, es sind aber immer alle Geschlechter mitgemeint.

Viel Spaß beim Lesen, Lernen und Einfühlen!
Ihre/Eure Heike Oldenburg (h2o)

Frauen

Klarsichtige Frauen hat es schon immer gegeben.
Mary Wollstonecraft stellte bereits im Jahre 1793
fest: „Die Tyrannei der Männer ist Ursache fast aller
Geisteskrankheiten der Frauen."[1] In ihrem gesell-
schaftlichen Kontext konnte sie diese schmerzhafte
Wahrheit bereits öffentlich kundtun.

„Brutalität bestimmt das Leben der Frauen rund
um den Globus". Fast immer ist psychisches Trauma
eine direkte Reaktion auf allgegenwärtige männliche Brutalität. Es ist das Leiden der Machtlosen. Im
schrecklichsten Zeitraum des letzten Jahrhunderts
von 1914 – 1945, der Zeit der beiden Weltkriege,
wurden Frauen Opfer von Ideologien (Nationalsozialismus, Stalinismus) und von monströsen
Kriegsverbrechen. Auch die sogenannte Heimat-
front bestimmte die Leben von Frauen zunehmend.
Während und nach dem Zweiten Weltkrieg galten
Frauen insbesondere russischen Soldaten als be-
rechtigte Kriegsbeute.

Traumatische Erlebnisse überschatten noch heute
für viele Frauen die gesunde psychische Entwicklung. In den 1970er Jahren hat sich mit der Frauen-
bewegung herausgeschält, dass die häufigsten Opfer
mit Trauma-Störungen nicht Kriegsveteranen,
sondern Frauen zuhause im bürgerlichen Alltag
sind. Die Ursachen waren und sind im Privatleben
verborgen. Judith Herman beschreibt in ihrem
Buch[2] die im Jahre 1980 eingeführte Diagnose „Post-
traumatische Belastungsstörung" (PTBS) (ICD-10:
F43.1). Bei dieser Trauma-Störung steht mindestens
ein belastendes Ereignis von großer Bedrohung oder
von katastrophenartigem Ausmaß am Anfang. Eine
PTBS wird von vielfältigen psychischen und psycho-
somatischen Symptomen begleitet. Herman entwickelte therapeutische Richtlinien für die Behandlung. Auch nicht zensiertes Schreiben kann neben

anderen inzwischen entwickelten Methoden
beim Verarbeiten von traumatischen Störungen
helfen. Für viele Frauen war und ist Schreiben
die Rettung. Dass viele dieser Frauen unermüd-
lich an sich und ihrem Werk arbeite(te)n, mag
mit der unbewussten Überzeugung zusammen-
hängen, eigentlich wertlos und/oder beschmutzt
zu sein.

Im Folgenden werden Künstlerinnen mit verschiedenen Ausdrucksformen und Königinnen
und Pionierinnen beschrieben, die in ihrem
Lebensumfeld Neues denken oder tun konnten
oder können. Die Lebensgeschichten wurden
nach folgenden zwei Merkmalen ausgesucht:
Nach der Art der Belastung (zum Beispiel
Schizophrenie, Sucht, sexuellem Missbrauch,
Depression) und Auseinandersetzung mit den
Kränkungen durch die Umwelt (Stigmatisierung,
Ausgrenzung und Unterdrückung). In einer Geschichte ist in meinen Augen die Frau Täterin –
sie „meinte es nur gut". Den Abschluss bildet
eine Frau, die trotz massiver Belastungen bereits
mehrere Preise für ihr schriftstellerisches Werk
erhalten hat.

Johanna, die Wahnsinnige – ein Leben voll düsterer Fremdbestimmung

Johanna, die „Stammmutter fast aller Fürstenhäuser Europas", war eine ungeliebte Königin. Ihr Schicksal war es – trotz Krone – ihren nächsten Verwandten mit Leib und Seele ausgeliefert zu sein und Vernachlässigung, psychische Misshandlung und Isolation zu erleben.

Von 1479 bis 1504 lebte Johanna wie eine Prinzessin. Sie wurde wie ihre Geschwister in Musik und Sprachen unterrichtet und fiel früh durch ihre hohe Intelligenz auf. Sie war eine auffallend schöne junge Frau. Johanna wird als ernsthaft, eigenbrötlerisch, schroff und sarkastisch-witzig beschrieben. 1496 heiratete sie Philipp I. von Österreich aus dem Haus Habsburg, genannt der Schöne („Mit mühsam bezähmter Ungeduld" (…) „rissen sie sich die Kleider von den Leibern."). Sie gebar sechs Kinder.

Als Johanna durch den Tod ihrer Mutter Isabella I. von Kastilien im Jahre 1504 Königin wurde, begannen die sie umgebenden Männer gegen sie um die Macht zu kämpfen. Johanna wurde im Palast isoliert. Nach dem Tod ihres Gatten Philipp im September 1506 übernahm ihr Vater Ferdinand II. von Spanien die Vormundschaft für ihren Sohn Karl. Johannas sonst so kluge Mutter Isabella hatte dies mit einer Klausel ermöglicht: Johanna sei ihre Nachfolgerin, jedoch falls sie „abwesend oder nicht willens oder unfähig sein sollte, ihre Regierungsgeschäfte selbst auszuüben", so solle der Vater anstelle von Karl die Geschäfte führen.

Wie hat Johanna sich gefühlt? Es gab in dieser Familie vorher wie nachher „Melancholie". Immer wieder zeigte Johanna sich aber auch widerspenstig, unterschrieb gewisse Verträge nicht. Mutig und stark pflegte Johanna im Jahr 1506 Philipp auf dem Schiff als einzige ruhig und angstlos, als es in Sturm und Regen geriet. Willensstärke beweist auch der folgende Vorfall: Einmal, als Johanna in Brüssel ankam, schnitt sie der blonden Mätresse in wütendem Protest die Haare ab. Schon vorher hatte sie Philipps Seitensprünge nicht geduldet. Dieser für eine Frau für die Zeit untypische Eigen-Sinn wurde ihr als „Eifersuchtswahn" ausgelegt. Selbstbewusste Ich-starke Frauen wurden leicht als bedrohlich empfunden und häufig weggesperrt. Es gibt Darstellungen von Zeitzeuginnen über Johanna und Zitate von ihr,

die, will mensch ihren Geisteszustand beurteilen, sie durchaus normal und
geordnet zeigen.

Leider war jedoch noch typischer für die Zeit, dass Johanna nie den Umgang mit Macht gelernt hatte. Das Gegen-sie-Arbeiten der Männer erkannte sie nicht. Im Jahr 1507 überschrieb sie ihrem Vater die Regierungsgeschäfte und merkte erst zu spät, dass er ihr ärgster Feind war. Er ließ sie in die innersten Gemächer des Palastes verlegen. Dieser Schock muss sie zum Wahnsinn gebracht haben. Ab Frühjahr 1508, als sie immer heftiger bekämpft wurde, begannen Johannas autoaggressive Verhaltensweisen. Der Vater ließ Johanna ab Februar 1509 für ihre weiteren 46 Lebensjahre in der Festung von Tordesillas in Valladolid in Nordspanien gefangen setzen. Dort aß und schlief Johanna auf dem eisigen Steinfußboden, vernachlässigte sich immer stärker, wusch weder sich noch ihre Kleider. Sie trat zeitweise in Hungerstreik. Jedoch musste Johanna am Leben bleiben, da Fernando II. sonst die Macht verloren hätte. Johannas jüngste Tochter Catalina lebte bei ihr bis zu ihrer Verheiratung nach Portugal im Jahr 1525 mit 18 Jahren.

Nach Fernandos Tod im Jahr 1516 trat der 16-jährige Karl nahtlos in seine Fußstapfen. Auch er brauchte seine Mutter „irre" und lebend zugleich, um an der Macht zu bleiben. Sie wurde schlechter als eine Sklavin behandelt:

Juana wurde [1521] in ein stockdunkles Gelaß gesperrt … In diesem fauligen Loch … blieb sie ganz sich selbst überlassen und versank rasch in tierischen Stumpfsinn. Ihr Essen, für gewöhnlich Brot und Käse, wurde ihr vor die Tür gesetzt … [Sie] holte es sich, sobald keiner zuschaute. Sie aß es in der Hocke auf dem Fußboden kauernd. … Von nun an erfährt man – glücklicherweise, möchte man sagen – nicht mehr allzu viel von ihrem Leben.

Johanna wurde mit 75 Jahren ungewöhnlich alt, wie viele langjährig eingesperrte Menschen – „die einen sterben halt am Leben, die anderen macht es wahnsinnig". Aus Machtgier wurde Johanna „verleumdet, brutal missbraucht und dadurch schließlich wirklich wahnsinnig" – spätestens in Tordesillas.

Spinnt die Frau? Als Mann wäre Johanna das nicht passiert.

„Kriege sollen andere führen, du glückliches Österreich, heirate!"

Hausspruch Habsburgs

Kaiserin Maria Theresia, Erzherzogin von Österreich, Königin von
Ungarn und Böhmen, geb. Mai 1717 und im Jahre 1780 mit 63 Jahren gestor-
ben, war selbst nicht behindert. Unter dem Aspekt Behinderung sind zwei
andere Punkte in ihrem Leben interessant: Erstens trug die Dynastie der
Habsburger eine Veranlagung in sich, die das Auftreten von Epilepsie be-
günstigte. Bei dieser chronischen Krankheit kommt es auf einen irritieren-
den Reiz hin zu einer abnormen Überreaktion sehr vieler Nervenzellen auf
einmal im Gehirn. Das bewirkt zeitweiligen Bewusstseinsverlust und bei
manchen Formen einen schnellen Wechsel von heftigen Muskelkrämpfen
und Verlust der Muskelspannung. Epilepsie hat mit Geistesschwäche oder
Geisteskrankheit nichts zu tun. Dies beweisen vor allem die Menschen,
die oft trotz ihrer epileptischen Anfälle Überdurchschnittliches geleistet
haben. Weder Maria Theresias Geschwister noch ihre Kinder waren davon
betroffen. Erst beim Enkel Karl, geb. 1771, später ein berühmter Kriegsherr,
trat sie wieder auf.

Zweitens behinderte Maria Theresia auf jeden Fall die Entwicklung und
zentralen Lebensentscheidungen ihrer Kinder: Sie erzog ihre Kinder sehr
streng und „verschacherte" sie im politischen Ränkespiel wie Schach-
figuren. Die Hübschen wurden mit Kalkül verheiratet, verwachsene oder
pockennarbige Kinder wurden in Klöster gedrängt. Das war damals zwar
üblich, aber das macht es nicht besser. Nur ihre Lieblingstochter Maria
Christine durfte eine Liebesheirat eingehen. Maria Theresia selbst, mit
sechs Jahren bereits in Franz Stephan von Lothringen, geb. 1708, verliebt,
war seit dem Jahr 1736 ehelich mit ihm verbunden. Mit dem zwischen
Frankreich und Deutschland gelegenen Erbe kam ihre Heirat mit dem
heiteren, gescheiten, hübschen Prinzen ihrem Vater Karl VI. gelegen. Noch
im Jahr 1766 schrieb Maria Theresia in einem Brief: „… seit dreiundvierzig

Jahren war mein Herz ihm allein ganz zugethan." Sie ernannte ihn zum
Mitregenten. Er war auch der offizielle Kaiser, die Regierungsgeschäfte erledigte jedoch die „Kaiserin" titulierte Ehefrau. Da angeheiratet, nannte sie
sich hier Kaiserin, hingegen König von Ungarn, da auf Erbrecht basierend.

Aufgrund einer Regelung aus dem Jahr 1713 war es möglich, dass Maria
Theresia im Jahr 1740 Thronfolgerin wurde. Zuerst traute niemand der erst
23-Jährigen das Regieren zu. Sie hatte „nur" die traditionelle Erzherzogin-
nen-Ausbildung erhalten. Jedoch überraschte sie alle und regierte 40 Jahre
lang erfolgreich die aus 58 Ländern bestehende Habsburgerinnenmonarchie. Hilfreich war sicher, dass Geschichte ihr Lieblingsfach gewesen war.

Maria Theresia war 16 mal „schwanger als Herrscher" (elf Töchter und
fünf Söhne). Für diese neue protokollarische Situation gab es für öffentliche Auftritte eine Neuerung: Um das Jahr 1720 wurde in der Wiener Hof-
werkstatt ein Gala-Tragesessel aus Samt und Stickerei gebaut. Laut Landsteiner leite sich das repräsentative Sitzmöbel „Thron" von „Skulpturen
hockend gebärender, steinzeitlicher Göttinnen" ab, mit „dem voluminösen
Gesäß der Göttinnen als Sitzbrett". Die Göttin werde als „aktives Prinzip
des Schöpfens" dargestellt. Der feststoffliche Thron stehe für das Herstel-
len einer Ordnung. Die Königin könne ohne viele Alltagsanstrengungen
den Vorsitz übernehmen. Sie/er müsse in der „(Zurück-)Haltung des Sitzens
der Lust nach Bewegung erfolgreich entgegenarbeiten". „Herrscher_innen
werden gesetzt". Dieses hohe Maß an Askese und Aufmerksamkeit schnei-
de „in den Körperhaushalt der Herrschenden ein", sie würden durch lauter
Vorschriften eingeengt und verspannt, mit dem Ziel, die eingeschränkte
Lebensdynamik zur „Dynamisierung der Kräfte der Gemeinschaft sowie
der Bindung zwischen Gemeinschaft und Kosmos" einsetzen zu können.
Sitzen als „störender Eingriff in den Körper" ermögliche es, „spontane
innere Ausdrücke (zum Beispiel Hunger, Durst, Sexualtrieb etc.) zu unterdrücken und hinauszuschieben". Daher habe die Inthronisation Herr-
scherinnen eher „körperlich beeinträchtigt, verkrüppelt, bisweilen sogar"
getötet – es sind wohl das Wochenbett und das Schlachtfeld gemeint. Maria
Theresia hat 16 Kinder geboren, jedoch wurden nur zehn davon erwachsen.

„Für Herrscher_Innen nimmt das Ausüben gepflegter Etikette und die
Demonstration höfischen Anstands einen hohen Stellenwert in der Erziehung und im Alltag ein." Das Spanische Hofzeremoniell, üblich seit dem 15.
Jahrhundert, war solch eine einengende Etikette: Jeder durfte sich nur mit
dreimaliger tiefer Verbeugung und Kniefall zum König hin bewegen, beim

Rückzug dasselbe in rückwärts. Mit dem Zeremoniell wollten die Habsburgerinnen ihre Besonderheit in Europa hervorheben. Der Adel nutzte es ebenfalls, um sich von niedrigeren Ständen abzugrenzen, aber auch um seine Nähe zum Herrscherhaus zu betonen. Erst unter Maria Theresias Sohn Joseph wurde das Zeremoniell abgeschafft. Es gilt bis heute: „nur keine Gefühle zeigen", bereits als Kind „verantwortlich sein, für andere und sich selbst ", alles „nur in gemäßigtem Stil" von sich geben. Mensch ist „abgehoben", sieht sich zumindest so, und „bleibt nur innerhalb der eigenen

Sippe", so die Genesungsbegleiterin (EX-IN[3]) Monika Thein von Plottnitz.
Die Herrschaft der Habsburgerinnenmonarchie galt als gottgegeben. Zu ihrem Fortbestand war eine Braut mindestens von Fürstenstand und unberührt wichtig. Vielversprechend waren gute Gesundheit und ein breites Becken. Aufgrund der katholischen Religion und der besonderen Verbindung mit den Heiligen und der Gottesmutter erhielten die Töchter seit circa dem Jahr 1650 häufig den Namen Maria. Die Taufe war der erste zu überstehende repräsentative Akt. 40 Tage nach der Geburt fand der „Hervorgang" statt, in Anlehnung an Mariens biblischen Tempelgang, als diese Jesus auf

dem Altar Gott dargebracht haben soll. Maria Theresia beging diesen Akt besonders prächtig, als sie im Jahr 1741 endlich den erhofften Thronfolger Joseph geboren hatte.

Die Erziehung der Kinder zu zukünftigen Herrschenden oder Ehepartnerinnen war stark reguliert. Diese wurden von der Mutter getrennt, kamen in eine „Kindskammer" und bekamen eine Aja (Töchter) als „zuchtmaisterin" oder einen Ajo (Söhne). Die Kinder wurden oft einbandagiert, um einen geraden Wuchs der Glieder zu garantieren. Ammen wurden später reich entlohnt. Zwischen dem zweiten und dem vierten Lebensjahr wurden die Kinder „sauber". Als Spielzeug dienten viele Tiere wie Hunde und zahme Vögel. Maria Theresia spielte selbst gerne Karten und gab dies an ihre Kinder weiter.

Das oberste Erziehungsziel für die Habsburger Kinder war ein gottesfürchtiges Leben. Mit dem Lesen-können begann sofort lateinischer Bibelunterricht! Frömmigkeit wurde als Herrschertugend angesehen, ein hoher Bildungsgrad ebenfalls. In sogenannten Fürstenspiegeln wurde dazu aufgefordert, sich ganz dem Wohl der Untertanen hinzugeben. Schon als Kind hatten die Erzherzoginnen Jesuiten als Beichtväter. Bei Maria Theresia stand der Religionsunterricht durch den Beichtvater an oberster Stelle. Der Tag begann mit Kreuzzeichen und Morgengebet auf den Knien und war bis zur abendlichen Gewissenserforschung und dem Nachtgebet mit Handlungen ähnlicher Art durchsetzt. Trotz aller Verzärtelung in den ersten Lebensjahren galt: Sie „sind geboren zu gehorsamen und sollen es mithin bei Zeiten gewöhnen" (Instruktionen Maria Theresias). Mädchen wurden unterschiedlich lange bei den „Weibern" gelassen, die Jungen bekamen frühestens ab dem fünften Lebensjahr einen eigenen, männlichen Hofstaat. Neben Latein als erster Fremdsprache lernten die Kinder weitere Sprachen für den Kontakt mit dem Volk. Im Hinblick auf spätere Verheiratung wurde das auch für Töchter als sinnvoll angesehen. Maria Theresia und Franz Stefan sprachen privat die Hofsprache Französisch, alle Kinder konnten daneben auch Deutsch. Es waren strenge Prüfungen in den Unterrichtsfächern in Anwesenheit Maria Theresias zu absolvieren. Söhne mussten ein gestaltendes Handwerk wie zum Beispiel Drechseln erlernen, die Töchter Hand- und Näharbeiten. Auch Zeichnen, Malen und musischer Unterricht gehörten zum Pensum. Bei Ballett-, Tanz- und Theaterauftritten schon im frühen Kindesalter wurden Körperkontrolle, Reden-halten und öffentliches Auftreten eingeübt. Die Kinder bzw. Jugendlichen waren nie allein, der Hofmeister/die Kammerfrau waren immer anwesend, sogar nachts.

Für die Söhne als zukünftige Herrscher und Heeresführer waren des Weiteren körperliche Ertüchtigung, Jagen, Fechten, Schießen und Reiten von großer Wichtigkeit. Auch Töchter gingen zur Erholung an der frischen Luft auf die Jagd.

Wenn Maria Theresia das Jagen auch nicht liebte, so setzte sie in puncto Reiten neue Maßstäbe. Sie erlernte diese Fähigkeit erst im Jahre 1741 mit 24 Jahren, denn zur Krönung zum König von Ungarn war der Ritt auf den Krönungshügel in Pressburg vorgeschrieben. Reiten wurde ihre Lieblingsfreizeitbeschäftigung. Sie löste damit einen Boom aus: Bald waren mehr Reiterinnen als Reiter auf Wiens Straßen zu sehen. Maria Theresia ritt auch während ihrer Schwangerschaften. Ihre Töchter hingegen bekamen keinen Reitunterricht. Ihre Tochter Marie Antonia ritt schon mit 15 Jahren in Versailles als Königin Marie Antoinette ein, und zwar im Herrensitz. Dies wurde als schädlich für das Kinderkriegen angesehen. Daher war Maria Theresia sehr besorgt – jedoch unbegründet, Marie Antoinette wurde vier mal schwanger. Maria Theresia ritt nur im Damensattel. Als zur Herrschaft geborene Habsburgerin war es nicht nötig, ihre Herrscherqualitäten durch Uniform und Männersattel optisch zu unterstreichen.

Maria Theresia war bereits zu Lebzeiten durch häufige Namens- wie Geburtstagsfeste, aufwändige Schlittenfahrten, Fasching und Maskenbälle sehr beliebt. Reformen wie die Einführung der Schulpflicht, die Verbreitung der Kartoffel als Nahrungsmittel und das Vereinheitlichen des Maß- und Gewichtssystem trugen zu ihrer Beliebtheit bei. Heute wird Maria Theresia überwiegend positiv gesehen und bewundert.

Matilda, „Rose of England" – Eine Dreiecksgeschichte im Königshaus der liberalen Monarchie Dänemarks

Im Juli 1751 kam die später „Rose von England" genannte Prinzessin Carolina Matilda in London zur Welt. Das Kind wuchs überwiegend in Kew, still und abseits vom Hof, auf. Die puritanische Mutter Augusta, deren neuntes und jüngstes Kind sie war, ließ Zucht und Ordnung walten. Die Ausbildung der Kinder war gut. Matilda beherrschte das Cembalo, hatte eine gute Sopranstimme und sprach Französisch und Italienisch. Im Alter von 13 ½ Jahren kam Deutsch hinzu, denn Matilda war von nun an mit dem dänischen Kronprinzen Christian verlobt. Deutsch war die offizielle Sprache am dänischen Hof. Noch ein zweiter Mann sollte bedeutend im Leben dieser jungen Frau werden – der Berater Johann Friedrich Struensee, den König Christian VII. sich ab dem Jahr 1769 aus Hamburg zur Seite holte.

Heutzutage würde mensch Matilda als Angehörige eines behinderten Menschen bezeichnen. Ihre Hochzeit in eine außerordentlich liberale Monarchie hinein fand im November 1766 statt. Matilda war erst 15 Jahre alt. Niemand hatte ihr gesagt, dass ihr Mann, der spätere Christian VII., offensichtlich eine Geisteskrankheit hatte. Er bekam häufig epileptische Anfälle, schrie unzusammenhängende Sätze und litt zeitweise unter schweren Depressionen. Er war wie alle anfangs von der „Schönheit, Huld und Leutseligkeit der jungen Königin" gefesselt, jedoch verlor er bald das Interesse. Trotzdem bekamen sie zwei Kinder: Frederick wurde im Januar 1768 geboren. Matilda wurde krank: Beschrieben wurde eine Starre des ganzen Leibes, verbunden mit beharrlichem Schweigen und wachsartigem Widerstand der Muskulatur bei passiver Bewegung. Nachdem Struensee Matilda bis Januar 1770 von einem Nervenzusammenbruch geheilt hatte, ließ sie ihm eine Wohnung in Christiansborg einrichten, sie gingen zusammen ins Theater und sie ritt mit ihm aus. Sie blühte zu einem heiteren, lebhaften und selbstbewussten Wesen auf. Bei der Geburt der Tochter Louise Auguste im Juli 1771 war unklar, ob nicht Struensee der Vater sein könnte.

Struensee war ein ungewöhnlich junger Stadtphysikus und Armenarzt,
der in Altona bemerkenswerte Erfolge bei der Bekämpfung von Seuchen
und unhygienischen Zuständen errungen hatte. Der König Christian
lernte ihn auf seiner 8-monatigen Reise kennen, die er ab Mai 1768 durch
Deutschland, England und Frankreich unternahm. Struensee kam mit
nach Kopenhagen und wurde zum Konferenzrat und zum Vorleser des Königs und zum Privatsekretär Königin Matildas ernannt. Sein mit der Zeit
wachsendes ungezwungenes Verhältnis zu ihr wurde seinerzeit als skandalös empfunden. Es ist unklar, ob es sich um eine Liebesaffäre handelte,
auf jeden Fall unternahmen beide sehr viel miteinander. König Christian
war in keinster Weise eifersüchtig, er förderte das Verhältnis eher.

Struensees Einfluss auf das Königspaar war unübersehbar. Er hatte „hinter den Kulissen praktisch alle Macht des Landes in seiner Hand" vereinigt
und schuf für sich selbst ein Ministerium „für öffentliche Angelegenhei-
ten". Er setzte eine „bürgerliche Revolution von oben" durch. Seine auf-
klärerischen Ideen beinhalteten die Aufhebung der Zensur, die Gleichstel-
lung von unehelichen mit ehelichen Kindern, staatliche Findelhäuser, die
Abschaffung der Folter. Steuern wurden abgeschafft, Straßenbeleuchtung
und eine staatliche Lotterie wurden eingeführt. Der Adel und der Klerus
mussten sich stark in ihren Privilegien beschneiden lassen. Die Etikette
am Hof wurde aufgehoben. Leider hat Struensee „seine Reformen rück-
sichtslos und in größter Eile durchzupeitschen" versucht. Nach zwei Jahren
rastlosen Regierens war Struensee „schwammig und bleich" geworden, ein
schwacher Abklatsch des „junge(n) Mann(es), blond, vollkommen schön
gewachsen, von regelmäßiger Gesichtsbildung … angenehmes Lächeln,
Augen voll Lebhaftigkeit, Gewandtheit von körperlichen Übungen, (…) fei-
nem Benehmen in der Gesellschaft". Ausgerechnet die Pressefreiheit wurde
Struensee zum Verhängnis: Sein exzessiver Lebensstil wurde öffentlich
dargestellt. Struensee wurde festgenommen, da er angeblich zusammen
mit Matilda einen Staatsstreich geplant hätte. Er wurde im April 1772 hingerichtet.

Was kann mensch über die Frau an der Seite eines solch beeindrucken-
den Mannes noch schreiben? Auch sie, die Königin Matilda, wurde festgenommen. Im März 1772 begann ihr Scheidungsprozess. Sie sollte ihre
Kinder nie mehr wiedersehen. Im Oktober 1772 erreichte sie Celle, wo sie
nach der Entscheidung ihres Bruders, des englischen Königs Georg III.,

nun leben sollte. Dort adoptierte sie ein 4-jähriges Waisenmädchen und blieb weiterhin den Armen und Bedürftigen gewogen. Diese Wohltätigkeit hatte sie schon in Dänemark ausgiebig ausgeübt. Matilda aß nun viel und wurde sehr dick. Sie lebte nur noch drei Jahre und starb plötzlich und unerwartet im Mai 1775. „Die Einwohner Celle's, deren wohlthätiger Engel sie gewesen, errichteten ihr im dortigen Park ein Denkmal." So erfuhr sie nicht mehr davon, dass ihr dann 16-jähriger Sohn im Jahr 1784 die Macht an sich reißen würde und „behutsam und mit kleinen Schritten" Struensees Reformen vorantreiben würde.

„Gift" – die Geschichte der Gesche Gottfried als Graphic Novel

*„Still, alles still,
als wär die Welt tot."*

Georg Büchner, Woyzeck

Im Jahre 2010 erschien das Buch „Gift", mit Text arrangiert von Peer Meter und Zeichnungen von Barbara Yelin. Darin wird der Prozess gegen Gesche Gottfried wegen der von ihr ausgeübten Mordserie dargestellt – geschehen in Bremen im Zeitraum 1813 bis 1827. Die Rahmenerzählung gibt eine Reiseschriftstellerin, die zufällig am Tag vor der Hinrichtung anreist und mit dem Fall bekannt wird.

Unter den Opfern der Gesche Gottfried waren nächste Verwandte und Freunde. Sie wurde „Engel von Bremen" genannt, da sie ihre Opfer hingebungsvoll pflegte. Sie galt als Wohltäterin der Armen. Erst im Jahr 1828 wurde entdeckt, dass Gesche Gottfried diese Leidenszustände mit Todesfolge mit sogenannter Mäusebutter selbst ausgelöst hatte. Mäusebutter war ein Gemisch aus Schmalz und Arsen und wurde in Kellern ausgelegt. Gesche Gottfried verabreichte weiteren Personen Gift in nicht tödlichen Dosen. Obwohl gemunkelt wurde, dass die Nähe zu ihr Unglück bringe, wurde seltsamerweise nie ernsthaft zu diesen Umständen recherchiert oder untersucht.

Gesche Gottfried wurde im Prozess unterstellt, dass sie aus „reiner Geld- und Besitzgier" gemordet habe, um sich an den Gütern der Verstorbenen zu bereichern. Ihr Verteidiger Dr. Voget unterstellte dies. Er sah sie als von Grund auf „bösartige Natur". Gesche Gottfrieds Aussage: „Es war mir, als wenn mir eine innere Stimme sagte, ich müsse es tun" ließ er nicht gelten. Dass er auf Unzurechnungsfähigkeit Gesche Gottfrieds habe plädieren müssen, sei kein leichtes Amt für ihn gewesen.

Die 43-jährige Gesche Gottfried war geständig. Durchgehend wird in der Graphic Novel aus den Verhörprotokollen zitiert: „(betr. die älteste Tochter

Adeline) Ich war bei ihrem Tod gegenwärtig und weiß noch, wie das Kind sich in seinem Todeskampf an mich klammerte." – „Mir war gar nicht schlimm dabei zumute." In den Verhörprotokollen steht, dass sie unzufrieden gewesen sei, wenn sie keine Mäusebutter im Hause gehabt habe. Allein sie da zu haben, sei beruhigend gewesen.

Eine Gefängniswärterin mit ausdrucksstarkem Gesicht erzählt der Schriftstellerin von der „Behandlung" durch Pastor Rotermund mit Bibelsprüchen ohne Ende und dass Gesche Gottfried gewimmert habe vor Elend. Auch Dr. Luce habe bis zuletzt Cholera anstatt Vergiftung als Todesursache angegeben. Eine „an Geist und Seele kranke Frau vor sich zu haben" war in der starren Gesellschaft des frühen 19. Jahrhundert nicht erwünscht. Das Bild Gesche Gottfrieds, das in der Öffentlichkeit gebraucht wurde, war das einer egoistischen, kalt berechnenden Person um sie schuldfähig erklären zu können. Sie musste beispielhaft bestraft werden. Bei dieser letzten Hinrich-

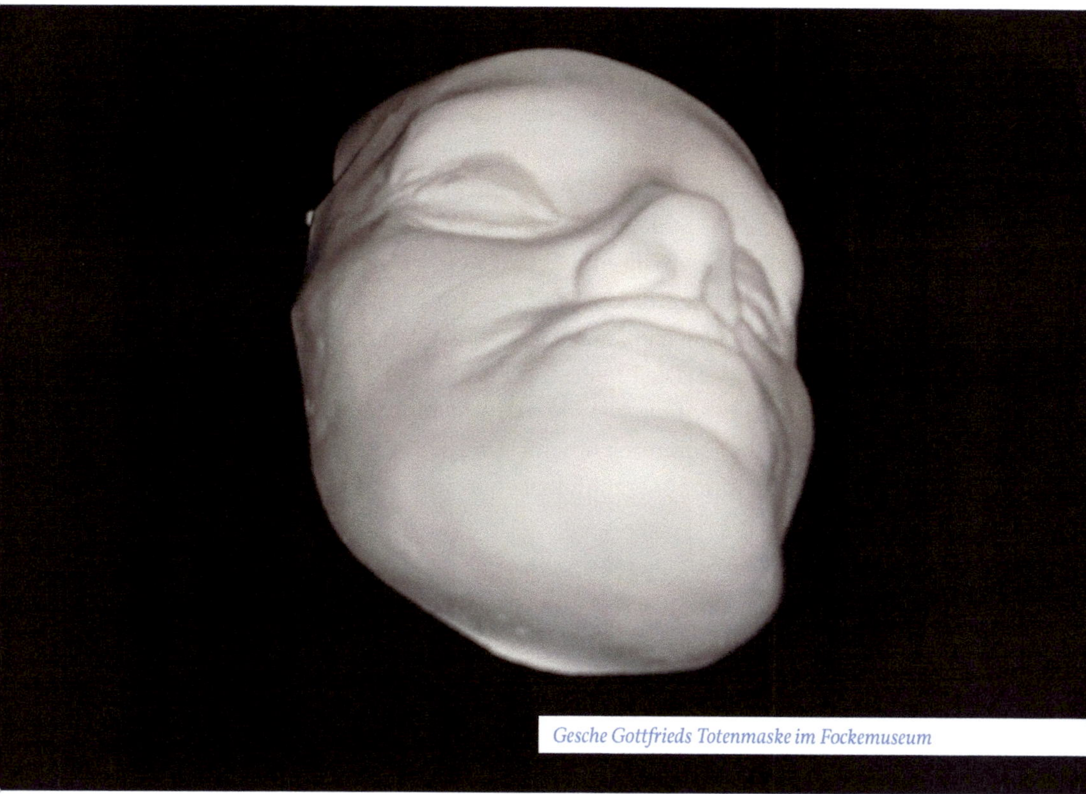

Gesche Gottfrieds Totenmaske im Fockemuseum

tung in Bremen im April 1831 waren 35.000 Zuschauerinnen in der Stadt unterwegs. Von ihrem Kopf wurden – wie zu der Zeit gängige Praxis – Abdrücke genommen. Sie dienten zum Studium der Physiognomie von Straftäterinnen. Weitere Abdrücke davon wurden ins Ausland verschickt. Dank dieser Praxis konnte, da im Zweiten Weltkrieg die Originalmaske und auch der Kopf selbst verloren gingen, im Jahre 2005 eine britische Kopie an das Focke-Museum zurück übergeben werden.

Es gab einen weiteren Fall in dieser Zeit in Leipzig, der zeigt, dass die Frage der Schuldfähigkeit wichtiger wurde. Auch Woyzeck wurde nach einem Gutachterstreit öffentlich hingerichtet. Das Schuld- und Verantwortungsprinzip, auf dem das heutige deutsche Strafrecht beruht, wurde in dieser Zeit entwickelt. Heute gilt: Wer ohne Schuld handelt, kann nicht bestraft werden. Das ist zum Beispiel der Fall, wenn eine Person „bei Begehung der Tat wegen einer krankhaften seelischen Störung, wegen einer tiefgreifenden Bewusstseinsstörung oder wegen Schwachsinns oder einer schweren anderen seelischen Abartigkeit unfähig ist, das Unrecht der Tat einzusehen oder nach dieser Einsicht zu handeln."[4] Hierfür können Alkoholrausch, Psychosen und psychopathologische Diagnosen wie Persönlichkeitsstörungen, Störungen der Impulskontrolle und substanzgebundene wie -ungebundene Abhängigkeiten unter anderem ausschlaggebend sein. Diese müssen mit einem medizinischen oder psychiatrischen Gutachten ermittelt werden. Wer danach für schuldunfähig befunden und falls weitere Gefährlichkeit vermutet wird, kann nur im Maßregelvollzug eingesperrt werden.

Die Darbietung des historischen Stoffes in Form einer Graphic Novel ist zeitgemäß. Es handelt sich um einen Comic, also eine illustrierte Bildgeschichte mit 200 Seiten. Die Bilder sind sehr dunkelgrau gehalten, also dem Inhalt der Geschichte entsprechend relativ düster und ziehen die Leserinnen emotional voll in die Stimmung hinein. Das Thema wurde mit feministisch-dokumentarischer Rahmenerzählung behandelt.

Frances Hodgson Burnett – Schriftstellerin war Betroffene und Angehörige zugleich

Frances Eliza Hodgson Burnett, im November 1849 in Manchester geboren, hatte besonders, als ihr älterer Sohn an Tuberkulose starb, und auch sonst oft Depressionen auszuhalten. Sie hatte ein bewegtes Sowohl-als-auch-Leben. Frances Hodgson Burnett lebte abwechselnd sowohl in England als auch in den USA. Sie schrieb sowohl für Erwachsene als auch für Kinder. Ihr erster Roman erschien im Jahr 1876 und war sofort erfolgreich. Die späteren Kinderbücher wurden bekannter, besonders „Little Lord Fauntleroy/Der kleine Lord" (1886), „A little Princess/Die kleine Prinzessin" (1905) und „The Secret Garden/Der geheime Garten" (1911). Ihre Bücher waren zum Teil autobiografisch nachzuvollziehen. Der kleine Lord hatte zum Beispiel lange Locken, wie die beiden Söhne Hodgson Burnetts. Der Lord ist ihrem Sohn Vivian nachempfunden.

Als Frances Hodgson's Vater starb, zog ihre Mutter im Jahre 1865 mit ihr, den beiden älteren Brüdern und den beiden jüngeren Schwestern nach Knoxville, Tennessee, zu ihrem Bruder. Obwohl Frances Hodgson kaum Schulbildung hatte, liebte sie das Lesen und Schreiben. Sie konnte gut zum Familieneinkommen beitragen, indem sie ab dem Jahr 1868 für mehrere Frauenzeitschriften schrieb. Nach dem Tod der Mutter im Jahr 1870 unterstützte Frances Hodgson ihre Geschwister. Es ging in ihren Geschichten hauptsächlich um arme Arbeiterinnen und romantische Liebesgeschichten. Auch ihr erstes Drama im Jahr 1881 wurde ein Erfolg, das am längsten gespielte Theaterstück am Broadway im 19. Jahrhundert. Frances Hodgson betrieb Dienstag abends einen literarischen Salon in Washington, D.C. Sie war eine lebendige, kommunikative Gastgeberin.

Im Jahr 1873 ehelichte Frances Hodgson den Arzt Dr. Swan Burnett. Ein Jahr später bekam sie Sohn Lionel, zwei Jahre später kam der jüngere Sohn Vivian (eigentlich hatte es eine Tochter werden sollen mit dem Namen Vivien.). Nach einigen Monaten des Herumreisens in Europa kehrte die Familie nach Amerika zurück. Ab dem Jahr 1879 besuchte Frances Hodgson

Burnett jährlich mit den Söhnen Europa.

Das dramatischste Kapitel in Frances Hodgson Burnetts Leben war der Tod ihres älteren Sohnes Lionel an Tuberkulose im Jahre 1890. Er hatte sich mit elf Jahren infiziert und war zum Zeitpunkt des Todes erst 15 Jahre alt. Alle Heilungsversuche, unter anderem in deutschen Heilbädern, hatten nicht geholfen. Der Tod traf Frances Hodgson Burnett sehr. Sie bemerkte, dass alles Schreiben nichts sei gegen das Mutter-Sein. Eine tiefe lange Depression ergriff sie. Sie wandte sich dem Spiritualismus und der Christian Science zu. Dabei handelt es sich um eine religiöse Richtung, die davon ausgeht, aus der Bibel das „Gesetz des Guten" und das christliche „System geistigen Heilens" ableiten zu können.

Frances Hodgson Burnett war immer viel ehrenamtlich tätig. Sie verdiente mit dem Schreiben zeitweise mehr als ihr Mann mit seiner Praxis. Die Ehe hielt bis zum Jahr 1898. Nach der Scheidung von Dr. Burnett lebte die Schriftstellerin von 1898 bis 1907 in Great Maytham Hall in Kent, Südengland, einem feudalen prächtigen Landhaus. Sieben Jahre lang reiste Burnett zwischen Großbritannien und den USA hin und her. Sie ließ Stephen Townsend, ihren zehn Jahre jüngeren Stage Manager, mit nach Great Maytham Hall einziehen. Das fand der Pastor vor Ort skandalös. Im Jahr 1900 heiratete Frances Hodgson Burnett Townsend. Um diese Zeit soll sie „stark beleibt, übertrieben geschminkt und ungesund" gewesen sein. Die Ehe erwies sich als Fehler. Frances Hodgson Burnett mietete ein Haus in London, um besser schreiben zu können und in guter Gesellschaft zu sein.

Als Frances Hodgson Burnett im Herbst 1902 einen Zusammenbruch hatte, ging sie im folgenden Winter in ein Sanatorium in Amerika. Im Jahr 1904 kam sie nach Great Maytham Hall zurück. Die weiten Gärten anbei sind berühmt dafür Frances Hodgson Burnett zu einem der beliebtesten Kinderbuch-Klassiker überhaupt inspiriert zu haben, „The Secret Garden". Der ummauerte Garten aus dem Jahr 1721 (!) war, als er entdeckt wurde, vernachlässigt und verkommen. Bei Wikipedia klingt es so, als habe Burnett tatsächlich selbst erlebt, was sie dann in der hübschen Geschichte der kleinen Mary angedeihen lässt – dass nämlich ein Rotkehlchen ihr das Versteck mit dem Schlüssel zu der zugewachsenen Tür zum Garten zeigte. Das erscheint mir nicht wirklich glaubhaft. Immerhin hat Burnett danach viele, viele Rosen gepflanzt und viel in dem Garten geschrieben.

In dem Klassiker „The Secret Garden" erlebt die 10-jährige Mary als ungewolltes Kind Vernachlässigung. Sie war zu einer unfreundlichen Gouvernante abgeschoben worden. Wenn mensch ungeliebt ist und über Jahre hinweg vernachlässigt wird, kann das zum Trauma führen. Nach dem Pesttod ihrer Eltern in Indien findet sie bei ihrem reichen Onkel in England Unterschlupf. Mary entdeckt auf eben beschriebene Weise den geheimen Garten. Später entdeckt sie in den großen Haus den kränkelnden Sohn des Onkels, ihren Cousin Colin, der sehr schwach ist und als „Krüppel" weggesperrt lebt (Sohn Lionel stand hierfür Pate.). Beide wurden schon auf den ersten Seiten als unliebenswert, widerspenstig, blass, dünn und hässlich dargestellt – ein absoluter Bruch mit kindlichen Heldinnen bis dahin! Später erkennt Mary, dass Colin hysterisch-egozentrisch ist und bringt ihm durch beispielhaftes Vorleben bei nicht so gemein zu anderen zu sein. Zusammen mit ihrem Freund Dickon, einem Arbeitersohn, bringt sie Colin in den Garten und beide helfen ihm wieder Kraft und Mut zu gewinnen. Er genest durch magische Kräfte, die in dem Garten wirken. Seine seit zehn Jahren tote Mutter hatte den Garten angelegt. Alle Personen im Buch sind „gute" Menschen, höchstens mal von Theorien fehlgeleitet. Die Mutter von Dickon gibt Essen ab, obwohl sie mit den vielen Kindern selbst so wenig hat. Sie schreibt auch an den viel reisenden Onkel mit der Bitte heimzukommen. Der Onkel kehrt von seinen traurigen Dauerreisen zurück. Er hatte gehofft, auf den Reisen den Tod seiner Frau besser verkraften zu können. Erstaunt stellt er nach seiner Rückkehr fest, dass sein Sohn laufen kann. Colin: „Yes, it was the garden that did it! Aren't you glad?"[5]

In diesem zauberhaften Büchlein treten deutlich die theosophischen, das heißt mystisch-religiösen und spekulativ-naturphilosophischen Denkansätze zutage, die Frances Hodgson Burnett sich angeeignet hatte. Sie fasst die Welt als Entwicklung Gottes auf und glaubt, „dass Gott eins mit dem Kosmos und der Natur" sei. „Das Göttliche … existiert in allen Dingen der Welt".

Der Roman wurde im 20. Jahrhundert wiederentdeckt. Er ist dem Genre „Empfindsamkeit" zuzurechnen. Frances Hodgson Burnett redet traumatische Folgen von Erziehung nicht schön, wie es häufig in Kinderbüchern geschieht. Mary und Colin sind keine romantischen Figuren. Es werden neben dem Trauma auch die Widerstandskraft bzw. die Selbstheilungskräfte der Kinder dargestellt. Frances Hodgson Burnett schildert also den

damals neuen Gedanken der Selbsthilfe unter Peers[6]. Solche positiven
Inhalte sind heutzutage „in". Das Thema traumatischer Kindheitserfahrun-
gen ist seit dem Aufkommen der Psychoanalyse zu Beginn des 20. Jahrhunderts Gegenstand medizinischer und psychologischer Forschung und
Therapie und vielfältiger Selbsthilfegruppen.

Frances Hodgson Burnett nahm im Jahr 1905 die amerikanische Staatsan-
gehörigkeit an. Ab circa dem Jahr 1907/8 lebte sie im eigenen Haus in Long
Island, gerade außerhalb von New York City. Ihr Sohn Vivian, der journa-
listisch tätig war, bat seine Mutter, Children's Magazine herauszugeben.
Sie stimmte dem zu und veröffentlichte laufend selbst in dem Magazin. Mit
dem Beginn des Ersten Weltkrieges sah sie sich gezwungen, ihre jährlichen
Reisen nach Kent einzustellen und sich auf Long Island fest einzurichten.
Bis in ihr Todesjahr 1924 hinein schrieb sie weiterhin viel und hatte Spaß
mit ihren Enkeln. Frances Hodgson Burnett starb mit 74 Jahren.

Prinzessin Louise von Belgien – Eine Überlebende der Psychiatrie: „Ich will die Königin in meiner Welt sein!"

„Ich war nie verrückt und ich bin es auch heute nicht."

Louise von Sachsen-Coburg

Im Jahr 1904 schrieb der Publizist und Satiriker Karl Kraus im Aufsatz „Irrenhaus Österreich" über die Internierung Louises von Coburg in der Psychiatrie in seiner Zeitschrift Die Fackel: „Ich halte diese Frau, deren gerechte Sache mir auch die Sympathie von Sensationsreportern nicht verekeln kann, nicht nur für vollsinnig, sondern nach den Interviews, die sie den Korrespondenten in die Feder diktiert hat (…), für einen Geist von seltener Frische und Festigkeit." Schon seit Jahrhunderten sind Frauen für unerwünschtes (Fehl-)Verhalten – zum Beispiel sich entgegen geltender höfischer Etikette zu frei zu bewegen – für nicht bei Sinnen erklärt und weggesperrt worden.

Louise Marie Amélie Prinzessin von Sachsen-Coburg und Gotha, Prinzessin von Belgien, wurde im Februar 1858 als erstes Kind König Leopold's II. von Belgien und seiner Frau Marie Henriette im Schloss Laeken nördlich von Brüssel geboren. Als Kind wurde sie vom Volk „Sonne Belgiens" genannt. Sie war offenherzig, gradlinig-einfach, leidenschaftlich und sehr schön. Da sie Etikette ablehnte, wurde sie die „Rebellin" in der Familie. Beim Spielen schlüpfte sie oft in die Rolle eines Knaben, war furchtbar wild. Louises Lerneifer brachte ihr den Beinamen „Madame Pourquoi" („Fräulein Warum", H.O.) ein. Sie liebte Künste, Musik und Bücher und sprach zwei Sprachen. Beim gemeinsame Reiten lernte Louise von der Mutter, Landkarten zu lesen. Sie wurde insgesamt früh zur Selbstständigkeit erzogen. Louises „viel zu starke[r] Drang nach Unabhängigkeit" machte sie sich wie „eine Gefangene" fühlen. Die Kinder seien nach dem „Muster der englischen Kinderstuben" erzogen, die Spielzimmer „ähnelten eher den Zellen eines Klosters". Ihre Familienerfahrungen seien „die traurigsten" gewesen. Die Klage: „O wie beneidenswert sind doch die Mädchen, die nicht Königstöchter sind", sie hätten ja freien Umgang mit selbstgewählten Wegen, führt deutlich Louises

Illusionen über äußere und innere Freiheiten anderer Menschen vor.

Die Eltern werden sehr widersprüchlich beschrieben, stark idealisierend-schöngefärbt, aber auch realistisch. Die schöne und sehr gläubige Mutter habe den Pferden „Champagner, und in Rotwein getunktes Brot geben [lassen], damit sie lebendiger und feuriger wurden". Und es hieß, sie könne die Pferde „mit einem Wollfaden lenken". Die Mutter habe neben „einem so selbstsicheren Mann" nur Repräsentationspflichten erfüllt. Des Vaters „tiefes Sinnen und Schweigen", in Louises Vorstellung verbunden mit dem „gleichmäßigen Schritt einer Maschine", verschreckte sie früh. Der Ehezwist der Eltern, des Königs unbegrenzte Arbeitszeit neben hemmungslos-wüstem Lebensstil habe alles freudlos gemacht. Leopold II. sei „weit mehr König als Vater" gewesen. Diese Vorgabe – strenger Vater, weiche Mutter – scheint mir häufig. „Die Königin und ich sind die unfreiwilligen Gefangenen eines Sonderlings, der nur im Banne seiner Idee lebt." Sie selbst sei „dem Wohle Belgiens geopfert" worden, den Machtinteressen des Vaters und der Erinnerung der Mutter an ihre Heimat.

Hat nicht jeder Mensch ein gleich großes Recht auf Liebe? Mit 17 Jahren kam Louise durch Heirat an den größten Hof der Welt, mit spanischer Etikette gepaart mit deutscher Disziplin! Die Brautnacht mit Prinz Philipp von Sachsen-Coburg und Gotha im Februar 1875 hinterließ die harmlos-unwissende junge Frau „befleckt und geschändet", in ein Treibhaus im nahen Park fliehend. „Ekel" gegen den Gatten beherrschte sie seitdem. „[E]ine schlechte Ehe bleibt überall und bei wem immer eine schlechte Ehe." Diese sei bei ihr „Urgrund" für all ihr „Schuld und Fehl". Louise wurde von Anfang an stark fremdbestimmt, mit fremder Kammerzofe, musste alles in Familienratsbeschlüssen bewilligen lassen, wurde mit viel Wein abgefüllt (oder auch stillgelegt?). Neben ihrem Wissensdrang wurde ihre Verschwendungssucht kritisiert. Es gab „Kälteschauer" in Wien, wo alles alt, schäbig, traurig und ohne Blumen oder Komfort gewesen sei. Trotz wein- und rauschseliger Lebensweise des Gatten wurden in den Jahren 1878 und 1881 zwei Kinder geboren.

Der Hof – eine „unbeschreibliche Umgebung"

Louise berichtet viel Negatives auf aburteilend wirkende Weise über viele hochgestellte Personen. Der prinzlichen und königlichen Ehen mit Zwisten seien extrem viele! Je höher man sozial steige, desto mehr Schändlichkeit und Eifersucht sei man ausgesetzt. Louise fand überall Verrückte: Philipps

Bruder Ferdinand lege Séancen, Kaiser Wilhelm II. sei ein „Schandfleck
eines mörderischen Wahnsinns", dessen Größenwahn und durch ihn aus-
gelöste Verwirrungen das Verschwinden der mitteleuropäischen Throne
ausgelöst habe. Ludwig II. sei ebenfalls „umnachtet", dessen Sohn Ludwig
III. noch schlimmer. Es sei immer viel um Geld gegangen! Dabei Louise:
„Geld ist eine Macht, und ich bin nur traurig, dass Menschen ihr bedingungslos untertan sind. – Geld veredelt nicht – es verdirbt den Charakter."

Liebesleben

Nach zwei Liebeleien bildete Louise ab dem Jahr 1893 mit dem kroa-
tischen Ulanenoberleutnant Graf Geza von Mattachich-Keglevich ein
Liebespaar. Im Frühjahr 1897, mit 30 (!) Jahren, war Louise „aus dem
fürstlichen Käfig ausgebrochen". Sie lebte mit Graf Geza auf großem Fuße
und reiste quer durch Europa. Dies wurde durch viele Kredite ermöglicht,
die immer flossen, da ihr Vater als reichster Monarch Europas galt. Sie
rechtfertigte sich, es seien ja nur höchstens 10 Millionen gewesen … Eine
Geldeinheit dahinter wurde schon nicht mehr genannt …. Kraus vermutet
jedenfalls, dass später „den erlauchten Gemahl schäbiges Geldinteresse
trieb – die Erwartung der belgischen Millionenerbschaft, die einer Geistes-
kranken nicht zufallen kann". Kaiser Franz Joseph verbannte Louise vom
Hof. Die ganze Familie hatte sich abgewandt, Belgien zu betreten wurde ihr
verboten. Ein Duell in Nizza zwischen Prinz Philipp und Graf Geza über-
lebten beide.

Sechs Jahre Intermezzo als „sittlich minderwertige Geisteskranke" und Flucht

Neun Monate später, im Dezember 1898, wurden Prinzessin Louise und
Graf Geza in einem Hotel in einem Wiener Stadtteil festgenommen. Man
versuchte, „die Richtung sexueller Triebe in legitime Bahnen zu lenken".
Geza wurden der Adelstitel und der militärische Rang aberkannt. Er wurde
zudem wegen Fälschung von Wechseln zu sechs Jahren Haft verurteilt.
Louise fiel, vor die Wahl gestellt, diese leicht: lieber Irrenhaus als weiterhin
Ehekerker. Eine „tendenziöse Irrenerklärung" musste her. Mit der Dumm-
heit von „unbestechlichen Psychiater[n]" erkannten diese ein Irrsinns-
symptom in Louises Untreue. Auch Kopfkratzen wurde als „psychisches
Verfallszeichen" gewertet, jedoch wenige Zeilen später auf Hautausschlag
(Psoriasis) zurückgeführt. Peinlich für die Herren Gutachter …

Kraus dazu: „Als eines der auffallendsten Symptome aber müssen verheiratete Psychiater die »zunehmende, durch nichts motivierte Abneigung gegen den Prinz-Gemahl« bezeichnen. Und „daß der Prinzessin »ein Oberleutnant« besser gefällt als ein Herzog von Sachsen-Coburg-Gotha, ist in den Augen der Wiener medizinischen Fakultät vollends eine Anomalie, die die Entmündigung und Internierung der Kranken notwendig macht." Die Presse stieß in dasselbe entwürdigende Horn: »der Leutnant Mattassich [sei der Prinzessin] im Prater durch Schenkelkraft und stramme Männlichkeit aufgefallen«. Hier wird „das Selbstbestimmungsrecht weiblicher Sinne aufgehoben, die Anmut der Menschheit verkrüppelt".

Über mehrere Irrenhäuser kam Louise schließlich zu Dr. Pierson im Sanatorium Lindenhof in Koswig, Sachsen. Trotz relativ abgesondertem Pavillon, Kutschengespann, Kammerfrauen und Gesellschaftsdame: „Mein Käfig hatte vergoldete Stäbe. (...) Es war ein Lebendigbegrabensein". Der Lindenwucherer (Dr. Pierson, H.O.) hat sich jedenfalls aus den Einnahmen aus ihrem ′Fall′ „sein Etablissement vergrößert und verschönert". Louise durfte die einsamen Wälder aufsuchen, „freilich nur von einem Heer Irrenwärtern beiderlei Geschlechts begleitet". Das Mitgefühl des Personals und vieler Ärzte im direkten Kontakt habe ihr gut getan. Louise lässt sich zu der Äußerung hinreißen: „Es läßt sich nicht ermessen, welches Energieaufwandes es bedurfte, um unter Wahnsinnigen den Verstand nicht zu verlieren; denn der stete Verkehr mit Wahnsinnigen wirkt ansteckend." Ob sie den Wahnsinn des „Wächter(s) vom Lindenhof" (Dr. Pierson. H.O.) meinte?

Als im Jahr 1902 die Sozialisten den Militärjustizfehler an Graf Geza im Reichsrat anprangerten und damit seine Freisetzung erwirkten, war das erste Sinnen des Grafen die Rettung seiner „[a]us Staatsraison" verrückten Prinzessin. Mit einer Broschüre empörte er die Presse erfolgreich. In aufregender Weise gelang Ende 1904 die Flucht aus Bad Elster in den Bergen, wo Louise zur Kur weilte. In Frankreich wurde im Mai 1905 ein Gegengutachten von zwei Psychiatern verfasst. Dieses führte zur Aufhebung der Vormundschaft in Wien im Juni 1905. Als Louise im Jahr 1907 in Gotha geschieden worden war, erhielt sie den Titel einer belgischen Prinzessin zurück.

Zwar schien es Louise gleich nach der Flucht, dass ihr der Verstand auch
offiziell wiedergegeben sei. Doch Louise war nicht davor gerettet in ständi-
ger Bewegung, getrieben und viel reisend zu bleiben. „[W]ie der ewige Jude
herumirren zu müssen", war sehr erschöpfend und brachte sie nahezu an
das „Ende meiner Kräfte".

Monarchie oder Sozialismus?

Prinzessin Louise hätte sich ihr Leben gerne anders eingerichtet. Sie habe
„die Gemeinheit einer würdelosen Aristokratie kennengelernt", aber auch
sei sie „beglückt worden durch die vornehme Rücksicht von Menschen aus
dem Volk, und meiner Dankbarkeit diesen gegenüber will ich vor allem
Ausdruck geben." Die öffentliche Meinung sei „instinktiv" gegen ihre Internierung gewesen. Ihre Dienerinnen hätten ausnahmslos und immer zu ihr
gestanden. Je mehr man sich dem Volke annähere, desto eher sehe man, wo
das kleine Glück zu finden sei.

„Ich bin ja selbst ein Opfer der Uebergriffe einer monarchistischen Macht,
die an der Verderbtheit ihrer Höflichkeit zerschellte." Daher ist Louise absolut dankbar gegenüber der Regierung der Republik, die gerechte Gesetze
habe, die auch auf Prinzessinnen angewandt werden! Dennoch werde die
Demokratie wegen ihrer Betonung der Einzelwesen ihrem Ende zugehen.
Der Lauf der Welt sei, dass die Monarchie wie eine Familie aufgebaut sei
und dass die Demokratie der Monarchie wieder Raum geben müsse.

Nach Leopold II. Tod im Jahr 1909 habe Belgien die Königskinder nicht
gerecht ausgezahlt. Später gab es bei wachsendem Schuldenstand erneute
Versuche, Louise unter Vormundschaft zu stellen. Es änderte sich wenig
an ihrem Lebensstil, bis Mattachich im Sommer 1916 in ein Internierungs-
lager bei Budapest kam. Prinzessin Louise floh ebenfalls nach Ungarn.
Im Jahr 1919 dort wegen angeblicher Spionage zum Tode verurteilt, wurde
sie im allerletzten Moment begnadigt. Sie begegnete Mattachich in Wien
wieder. Beide gingen nach Paris, wo Mattachich vier Jahre später starb. Die
Prinzessin ließ ihn auf dem berühmten Friedhof Père Lachaise begraben.
Anschließend reiste Louise mit wenigen Getreuen weiter in Deutschland
umher, ihr Lebensstil blieb noch immer gleich. Im Jahr 1924 starb Louise
völlig verarmt mit 66 Jahren in Wiesbaden an einer Venen- und Lungenentzündung und wurde dort auch begraben.

Resümee

Die Memoiren der Prinzessin von Coburg wurden im Jahr 1921 auf
englisch publiziert und erschienen vier Jahre später auf deutsch (21926).
Laut der Übersetzerin seien sie ein unmittelbarer und freimütiger Bericht.
Einiges ist durch Fußnoten aus Mattachichs Memoiren (1904) ergänzt.

Das Buch wirkt auf mich wie eine einzige große Anklage, obwohl Louise
immer wieder das Gegenteil betonte. „Jeder Mensch hat seine Fähigkeiten, sein Schicksal und seine Chancen sind ihm bestimmt." Sie nannte das
Schicksal „Bestimmung und unserem Willen entrückt". Ob das Schreiben
für Louise selbstreinigend war? Es scheint mir nicht, denn Louise litt beim
Schreiben, bekam Schwindel etc. Sie fragt: „Was habe ich denn verbro-
chen?"

Wenn wir mit heutigen Denkkategorien an dies Leben herangehen, so
war Recovery, ein Genesungsprozess, nicht durchführbar, denn Bedürfnis-
angepasste Behandlung ist in einer Unterdrückungssituation gar nicht an-
gedacht. Auch die Flucht aus der Psychiatrie ermöglichte Prinzessin Louise
keinen anschließenden Ruhe- oder Pausenraum für Genesung. Hingegen
Resilienz im Sinne von Widerstandsfähigkeit ist in ihrer „Beharrlichkeit
[zu finden], mit der die Prinzessin an ihre geistige Gesundheit und die Un-
schuld des Geliebten glaubt". Für die Gutachter war dies hingegen „das be-
denklichste Symptom geistiger Entartung". Aber für diese Herren ist auch
sowohl ihre Ruhe als auch Erregung gleich krankhaftes Symptom! Auch
„kluge Selbstbeherrschung" gehörte zu Louises Fähigkeiten, mit denen sie
ihr Empowerment, ihre Selbstermächtigung in Form der Flucht, plante
und durchführte. Und diese führte zu Inklusion, zum Dazugehören zur
Gemeinschaft, Teilhabe am Alltag. Auch nachdem Louise die Psychiatrie
überlebt hatte, konnte sie ihre eigene Welt jedoch nicht nach ihren eigenen
Wünschen gestalten, „die Königin in meiner Welt sein!"
„Heute wäre es unmöglich, Empörung als Wahnsinn auszulegen; unmöglich, einen Skandal zu provozieren, wenn das Opfer um Hilfe ruft!"
schrieb Prinzessin von Coburg im Jahr 1921. Ein Wunschtraum (oder auch
Illusion?) … Noch heute – fast 100 Jahre später – kann ein psychiatrisierter
Mensch leider ganz umsonst nach Hilfe schreien!

Sabina Spielrein – der erste Fall von historisch dokumentiertem Missbrauch

„Solche Köpfe bewegen die Wissenschaft. Sie müssen Psychiater werden.“

C.G. Jung zu Sabina Spielrein

Sabina Nikolayevna Spielreins Leben war ein Kampf gegen die Zerstörung von außen und gegen die selbstzerstörerischen Kräfte. Sie hatte mit fließenden Grenzen zwischen Ärztin und Patientin sowie um Gesund- und Normalsein zu ringen. Sie ist eine von zwölf Frauen, die die Psychoanalyse in der Anfangsphase grundlegend mitprägten.

Als älteste von fünf Geschwistern wurde Sabina Spielrein im November 1885 in Rostow am Don in der Nähe des Schwarzen Meeres geboren. Sie wuchs in großbürgerlich-vermögenden Verhältnissen auf. Ihr Vater war Kaufmann, ihre Mutter Eva M. L. Zahnärztin „aus Vergnügen“. In der bedrückenden Kindheit und Jugend war Sabina Spielrein physischer Gewalt durch den Vater und wohl auch andere Personen ausgeliefert. Mit drei bis vier Jahren setzten schwere Darmentleerungsstörungen ein. Ihre Verstopfungen hielten bis zu zwei Wochen an. Im Alter von sieben Jahren wurde dieses Verhalten durch exzessive Onanie abgelöst. Mit 13 Jahren äußerte Sabina Spielrein beim Essen zwanghafte Ausscheidungsphantasien, von Zwangslachen und Pfui-Rufen begleitet. Sie isolierte sich zunehmend, obwohl sie extrem wiss- und lernbegierig war. Zum Beispiel grub sie Löcher in die Erde, um die Amerikaner zu finden und an den Beinen herauszuziehen. Auch ihre intellektuelle Entwicklung blieb unbeeinträchtigt. Ihr Verhalten wurde jedoch immer auffälliger. Mit 18 Jahren hatte sie häufig abwechselnde Wein-, Lach- und Schreikrämpfe.

Im August 1904 wurde Sabina Spielrein in Burghölzli in Zürich bei C. G. Jung eingeliefert, wo sie die tiefen Brüche und Spaltungen in ihrer Kindheit verkraften konnte. Ihre Tagebucheinträge in dieser Zeit waren quälend voll von Minderwertigkeitskomplexen und dem Bedürfnis nach Liebe. Jung wandte bei Sabina Spielrein erstmals Freuds Methode an. Die Patientin lag auf der Couch und redete, und er saß daneben und hörte zu. Nach 3-4-monatiger Behandlung wuchs das Vertrauen und nach neun Monaten konnte Sabina Spielrein bereits entlassen werden. Sie nahm im April 1905 ein Medizinstudium in Zürich auf.

Jung war von Sabina Spielrein von Anfang an begeistert. Bereits während des Klinikaufenthalts betraute Jung Sabina mit wissenschaftlichen Aufgaben. Eine „tragische Übertragungsliebe[7]" im Zeitraum von 1906-1909 war die Folge. Mit 19 Jahren wurde Sabina Spielrein Studentin, Geliebte, Patientin und Mitarbeiterin des damals 28-jährigen Jung. Es fand eine seelische und geistige Verschmelzung statt. Sie konnte bei ihm frei assoziieren und unzensiert alle Erinnerungen, Gefühle und Gedanken ausdrücken. Jung verwendete alles von Sabina Spielrein zum Ausdruck Gebrachte für seine Assoziationsthematik. Er nutzte alle Energien und Wünsche der jungen Frau zu egoistischem Aufstieg und missbrauchte sie auf diese Weise.

Es gilt als umstritten, ob Jung und Sabina Spielrein sexuellen Kontakt hatten. Die Beziehung zwischen ihnen sei „auf dem Boden tiefen seelischen Verständnisses und gemeinsamer geistiger Interessen" (Jung an Freud) entstanden und „gleichwertig". Für Sabina Spielrein war die Liebesbeziehung exzessiv. Jung – selbst als Schweizer Pfarrerssohn im Alter von 12 Jahren sexuell belästigt, also ebenfalls brutal verletzt trotz des Anspruchs auf Unversehrtheit – hatte Angst vor einem Skandal. Seine Briefe an Freud über diese „therapeutische Grenzverletzung" führten dazu, dass Freud die Lehranalyse entwickelte, das heißt, dass jeder Analytiker erst selbst als Analysand eine Analyse zu durchlaufen habe, bevor er behandeln darf.

Anfang 1909 – Jung war bereits sehr bekannt und sie als Unterärztin in einer Züricher Klinik erfolgreich – wurde beider Liebe öffentlich. Dies führte zu abruptem Ausschluss aus der Therapie. Sabina Spielrein war in der Folge männlicher Feigheit und der Kumpanei der Männer untereinander ausgesetzt. Jung fand seine Übergriffe gerechtfertigt. Angeblich habe Sabina Spielrein seine therapeutischen Leistungen nicht ausreichend materiell honoriert. Freud schrieb an Jung: „Kleine Laborexplosionen sind nie zu vermeiden." Beeindruckenderweise verarbeitete Sabina Spielrein diesen Verrat durch beide „Überväter" produktiv. Sie konnte sich trotz dieser erneuten Verletzungen selbst treu bleiben.

Ende 1910 schloss Sabina Spielrein ihr Studium wie geplant ab. Wieder ein Liebespaar, wurde sie Jungs erste und einzige Mitarbeiterin. Sabina Spielrein hatte es geschafft ihren Intellekt gegen die Empfindungen durchzusetzen. Erfolg und Überleben waren gegenüber allem anderen ihr oberstes Ziel: Sie fühlte sich wie ein grauer Felsen, in den „eingeritzt" ist: „Jetzt gibt es keine Angst mehr, (…) der Schmerz wird nicht mehr empfunden, es wird gegessen, geschlafen, gearbeitet." Sabina Spielrein hatte sich – erfolgreich – aufs Funktionieren reduziert.

Sabina Spielrein promovierte im Jahr 1911 „Über den psychologischen Inhalt eines Falles von Schizophrenie (dementia praecox)". Wie auch ihre zweite große Arbeit, „Die Destruktion als Ursache des Werdens" ein Jahr später, wurde dieses Werk im (von Jung herausgegebenen) Jahrbuch der Psychoanalyse veröffentlicht. Von Sabina Spielrein kamen herausragend kreative Impulse für die Psychoanalyse. Sie war auch Mitglied der Mittwochs-Gesellschaft, der ersten, im Jahr 1902 von Freud mitgegründeten Psychoanalytischen Arbeitsgruppe. Hier ging es um die Diskussion von maßgebenden, frisch entwickelten Behandlungen und Theorien. (Zu diesem Zeitpunkt hatte Jung bereits eine weitere Ex-Klientin zur Mitarbeiterin und Geliebten auserkoren.)

Schreiben war wie Rettung für Sabina Spielrein. Dies tat sie in perfektionistischer und unermüdlicher Weise. Möglicherweise hatte das mit dem erlebten Trauma zu tun, mit der unbewussten Überzeugung, dass sie im Grunde schmutzig und wertlos sei und nur durch überragende Leistung ihre Existenz sichern könne. Ihr schmales, wertvolles Werk hatte immer wieder den Zusammenhang von Wiedergeburt und Vernichtung als Thema.

Im Juli 1912 lautete der letzte Tagebuch-Eintrag Sabina Spielreins: „Den 14. J. [uni]Dr. Paul Scheftel geheiratet." Der Heirat in Zürich folgte im Jahre 1913 die Geburt der ersten Tochter Renata. Die örtlichen Lebensschwerpunkte wechselten zwischen den Jahren 1912 und 1923 (Genf, Berlin, Lausanne, Genf). Vermutlich drückte sich eine tiefe Unruhe wie auch in Sabina Spielreins inhaltlich häufig wechselnden Stationen aus: Arbeit in einer chirurgischen Klinik, Musikstudium, Komposition, ab dem Jahr 1919 wieder Psychoanalyse. Bis zum Jahr 1923 entstanden circa 30 Aufsätze. Sabina Spielrein blieb geistig wendig und produktiv. Immer wieder therapierte sie Kinder, wobei ihr eigenes Lebensthema sexuelle Gewalt tabu blieb. Indem Freuds Phantasie-Dogma bestehen blieb, konnte auch sie den betroffenen Kindern an dieser Stelle kaum zur Seite stehen. Unklar ist, ob sie als Therapeutin bewusst die Verleugnung mitmachte oder ob ihr nur soviel weiterzugeben möglich war, wie ihr selbst durchzuarbeiten möglich gewesen war.

Im Jahr 1923 kehrte Sabina Spielrein nach Moskau zurück. Bereits zwölf Jahre zuvor hatte sie durch einen Vortrag in Russland als Wegbereiterin der Psychoanalyse in der Sowjetunion gewirkt. Im Jahr 1924 zog sie mit der Familie in ihren Geburtsort Rostow, wo Eva geboren wurde. Sabina Spielrein arbeitete später als Analytikerin und Dozentin und baute eine psychotherapeutische Kinderklinik auf. Diese leitete sie bis zum zeitgleichen Verbot der Psychoanalyse im Jahr 1935. Sabina Spielrein war für progressive Pädagogik. Tochter „Renatchen" tauchte oft als Forschungssubjekt in ihren Aufsätzen auf. Beide Töchter studierten später Musik. Über Sabina Spielreins Leben als Ehefrau und Mutter ist kaum etwas bekannt. Ihr Mann starb in den 1930er Jahren. Im August 1942 wurde Sabina Nikolayevna Spielrein mit ihren beiden Töchtern (28 und 17 Jahre alt) in Rostow in der Smijowskaja Balka („Schlangenschlucht") von den Nationalsozialisten erschossen.
Jung hatte im Jahr 1917 an Freud geschrieben, dass Sabina Spielreins Arbeit „enorm komplexbedingt" sei. Dennoch baute Jung mit Material aus ihren Briefen die Gesamtstrukturierung seines Werkes auf (nach Renate Höfer). Sabina Spielrein übersetzte Jung ins Russische. Obwohl Sabina Nikolayevna Spielrein über 15 Jahre für Jung Wegbereiterin und -begleiterin bis zur Beendigung des Briefkontaktes im Jahr 1919 geblieben war, kommt sie in seiner Autobiographie (1958/59 verfasst) nicht vor. Schon zu Lebzeiten im Westen vergessen, wurde sie in den 1970er Jahren wiederentdeckt.

Melli Beese –
Erfolg und Scheitern als Flugpionierin

„Fliegen ist notwendig.
Leben nicht."

stand auf dem Zettel, der neben Melli Beeses Leiche lag. Sie hatte sich kurz vor Weihnachten 1925 erschossen. Morphium und die Umstände hatten sie zerstört.

Im September 1886 wurde Amelie Hedwig Boutard-Beese, bekannt als Melli Beese, bei Dresden als einzige Tochter wohlhabender, sie sehr unterstützender Eltern geboren. Ihr Berufswunsch Bildhauerin war vorerst nur in Schweden an der Königlichen Akademie der freien Künste Stockholm realisierbar. In den drei Jahren dort ab dem Jahr 1906 kam sie mit Hochseesegeln in Kontakt. Melli Beese erfuhr von den amerikanischen Gebrüdern Wright, die Doppeldecker mit Schubpropeller und Flugmaschinen entwickelten und auch in Deutschland vermarkteten. Faszination war die Folge, ihr neuer Berufswunsch: Fliegerei. Konsequent hörte Melli Beese Vorlesungen in Mathematik, Mechanik, Schiffbau und Flugmechanik am Technikum Dresden.

Frauen in der Luft

Das Jahr 1910 war ein entscheidendes Jahr für Frauen in der Luft, in dem erstmals drei Europäerinnen die Flugerlaubnis erwarben. Zeitgleich wurde Melli Beese in Deutschland als Schülerin ausgegrenzt: Sie durfte bei der „Ad Astra Fluggesellschaft" in Johannisthal nur fliegen, „wenn ein entfaltetes, in die Luft gehaltenes Taschentuch sich nicht bewegt". Bei ihrem zweiten Flug im Dezember 1910 stürzte sie aus 20 Metern Höhe ab und brach sich einen Knöchel. Nur Tage später starb ihr Vater.

Aufgrund der starken Schmerzen begann Melli Beese Morphium zu nehmen – dies sollte ausweglos-prägend für ihre Zukunft werden. Im Jahr 1804 entdeckt, aus Schlafmohn hergestellt und nach dem griechischen Gott der Träume und des Schlafes Morpheus benannt, führt Morphium zu Glücksgefühlen, starker Euphorie, tiefer Ruhe und Ausgeglichenheit. Es wirkt zudem Angst lösend. Doch die Nebenwirkungen sind belastend:

Übelkeit und Erbrechen, Verstopfung, Blutdruckabfall, Depression, Bewusstseinsveränderungen, Halluzinationen und Atemdepression. Ein Gewöhnungseffekt des Körpers führt zu ständig notwendiger Dosissteigerung und körperlicher Abhängigkeit.

Melli Beese musste, als sie im Jahr 1911 in den Ausbildungsbetrieb zurückkehrte, gegen starke Widerstände bei den Lehrkräften ankämpfen. Sie versuchte die schwierige Prüfung für den Pilotenschein ohne ausreichende Flugübung, wobei der Motor ausfiel. Zwar erkannte sie, dass Sabotage vorlag, machte dies aber erst in ihrer Autobiographie öffentlich. In Abwesenheit des Fluglehrers war die Prüfung erfolgreich: Im selben Jahr erwarb Melli Beese an ihrem 25. Geburtstag als erste deutsche Frau den Flugschein mit der Nummer 115. „Erwarb" im wahrsten Sinne des Wortes: Es kostete 3000 Mark – eine für die Zeit außerordentlich hohe Summe, plus die Versicherungskosten für eine eventuelle Bruchlandung (1000 Mark). Männliche Kollegen behinderten Melli Beese weiterhin. Zum Beispiel gab es bei schlechtem Wetter während eines Wettbewerbs Startverbot, da „das Fliegen nunmehr einer Frau nicht mehr zuzumuten [sei]!" Dennoch flog Beese in der Folgezeit Weltrekorde.

Selbstständigkeit

Im Jahr 1912 gründete Melli Beese mit zwei Männern die „Flugschule Melli Beese GmbH". Die Gründung wurde viel beachtet, der Name einer Frau im Titel fiel auf. Ziel war, „dass ein wirklich ordnungsgemäßes und straff geordnetes Institut die Ausbildung zum Flieger nach festgesetzten Grundsätzen übernimmt". Etwas, was Deutsche „verstehen" und kaum infrage stellen, war, diese Regel in der Satzung festzuschreiben anstatt Grundsatzdebatten aufzurühren – clever von Melli Beese,

Als Melli Beese im darauffolgenden Jahr ihren Kollegen Charles Boutard heiratete, entschied sie sich dabei für die französische Staatsbürgerschaft. Pläne zur Konstruktion eines Flugbootes scheiterten bei Kriegsausbruch. Beide wurden nach Kriegsbeginn als „feindliche Ausländerinnen" verhaftet. Ihnen wurde die Lehr- und Geschäftserlaubnis entzogen. Die gut gehende Flugschule und die Fabrik mussten geschlossen werden. Das später in Wittstock/Dosse internierte Paar erkrankte – isoliert, ohne Arbeit und von Wachposten misstrauisch beäugt – an Tuberkulose. Verstärkte Morphiumeinnahme schien das Leben zu erleichtern. Die selten lebensgefährlichen Entzugssymptome bei Morphiumsucht treten bereits einige

Stunden nach der letzten Einnahme auf. Sie ähneln den Nebenwirkungen durchweg. Die weitere Dosissteigerung führt zu Apathie.

Das Ende

Melli Beeses Mann Boutard wurde im Jahr 1918 abgeschoben. Die Entschädigung der Regierung nach dem Krieg reichte für einen Neustart in Johannisthal nicht aus. Melli Beese plante zwar trotz der Sucht mit ihrem Mann um die Welt zu fliegen. Ihre Finanzierungsversuche scheiterten jedoch.

Als Melli Beese im Jahr 1925 ihre Lizenz zum Fliegen erneuern wollte, scheiterte sie mit einer Bruchlandung. Sie blieb diesmal unverletzt, war aber selbst innerlich am Boden zerstört. Auch die Ehe ging zu Bruch. Bereits getrennt in einer Pension lebend, fand man sie dort am 22. Dezember 1925. Eine gezielte Überdosierung von Morphium kann durch Lähmung des Atemzentrums im Gehirn zum Tod führen. Melli Beese wählte passend zu ihrer Lebensweise eine männlichere Todesart.

Seit dem Jahr 1970 wurde diese mutige Frau endlich vielfach – spät, aber dennoch – gewürdigt. Zwei Grundschulen, Straßen in mindestens zehn Städten, darunter Bremen, sowie ein Berliner Motorsegler-Club sind inzwischen nach ihr benannt. Eine Eisen-Medaille gibt es seit 1975, und im selben Jahr erhielt Melli Beese ein Berliner Ehrengrab auf dem Friedhof Schmargendorf anlässlich ihres 50. Todestages.[8]

Welches wundervolle Gefühl Fliegen macht, beschreibt sehr eindrucksvoll die britische Flugpionierin Beryl Markham in „West with the Night“,
NY 1942/1983, S. 17:

*Da ist ein Gefühl von absoluter Endgültigkeit am Ende eines
Fluges durch die Dunkelheit. Der ganze Plan der Dinge, mit dem
du akut gelebt hast, während Stunden von tosenden Geräuschen in
einem Element, das komplett von der Welt abgelöst ist, hört abrupt
auf. Das Flugzeug strebt abwärts, die Flügel mühen sich hinab
zum festeren Kissen erdnaher Luftzonen, die Räder berühren den
Boden, und die Maschine seufzt sich in die Stille hinein. Der Traum
vom Fliegen ist plötzlich verloren neben den profanen Realitäten
wachsenden Grases und wirbelnden Staubes, dem langsamen Sich-
Abmühen von Menschen und der langatmigen Geduld von ver-
wurzelten Bäumen. Freiheit entflieht erneut von dir hin fort, und
Flügel, die noch einen Moment zuvor nicht weniger als die eines
Adlers waren, und flinker, sind wieder Metall und Holz, unbeweg-
lich und schwerfällig.*

(Übersetzung: H.O.)

Lene Voigt – ihr Wahlspruch: „Trotz alledem!"

Lene Voigt, geborene Wagner, kam im Mai 1891 in Leipzig zur Welt. Ihr Vater war Schriftsetzer, nach ihren eigenen Worten „aus (einem) Gebirgsbauerngeschlecht", ihre Mutter „aus Akademikerkreisen". Nach sechs Jahren Volksschule arbeitete Lene Voigt zwei Jahre als Kindermädchen (mit 12 Jahren!) und ab dem Jahr 1905 als Verlagskontoristin und später Buchhalterin in diversen Verlagen.

Im Alter von 15 Jahren veröffentlichte Lene Voigt im Jahre 1906 ihren ersten Text. Sie publizierte später im gesamten linken Blätterwald der Weimarer Republik. Neben hochdeutsch schrieb sie in sächsischer Mundart. Über ihren Stil sagte sie: „Ich umwickele die Pfeile meines Spotts fein säuberlich mit sterilisierter Watte, auf dass sie nicht verletzen. Denn das ist nicht meine Absicht."

Lenes Ehe mit Friedrich Voigt, einem Musiker und späteren Büroarbeiter, hielt nur von 1914 bis 1920. Ihr Sohn Alfred, im Jahr 1919 geboren, starb mit fünf Jahren an einer Hirnhautentzündung. Im Zeitraum von 1925–35 veröffentlichte Lene Voigt zwölf Bücher. Ihre große Liebe – der stellungslose Opernsänger Karl Geil aus der internationalen Vagabundenbewegung mit anarchistischer Weltanschauung – starb nach nur drei gemeinsamen Jahren bereits im Jahr 1929. Hierauf zog Lene Voigt im selben Jahr nach Bremen. Die fünf Jahre an diesem Ort waren ihre schönsten und produktivsten. In ihrem Büchlein „Vom Pleißestrand nach Helgoland. Ein lustiges Reisebild" heißt es: „Bremen sehen und lieben war eins."

Im Jahr 1934 nahm Lene Voigt ihre häufigen Wohnungswechsel wieder auf. Sie zog über mehrere norddeutsche Städte und München wieder nach Leipzig. Zuhause war Lene Voigt nirgendwo. Leichte Depressionen seit dem Jahr 1928 und die Beschattung durch die GESTAPO seit dem Jahr 1933 schwächten ihre psychische Konstitution. Verfolgungsängste führten drei Jahre später zu einem ersten kurzen Psychiatrieaufenthalt in Schleswig. Zeitgleich erhielt sie von den Nazis Schreibverbot. Zunehmende Verwirrungen und weitere Krankenhausaufenthalte folgten.

Ab dem Jahr 1940 arbeitete Lene Voigt wieder als Buchhalterin in Leipzig in diversen Verlagen. Ihre Hoffnung auf Anerkennung nach Kriegsende erfüllte sich leider nicht. Sie wurde in der DDR totgeschwiegen. Schriftgut im sächsischen Dialekt war nicht erwünscht. Lene Voigt war erneut ab Juli 1946 mehrere Monate in der Psychiatrie und lebte nach der Entlassung im folgenden Februar wieder „draußen". Nach der Wiederaufnahme im Juli 1949 blieb Lene Voigt freiwillig in der Psychiatrie Leipzig-Dösen. Die Adresse des Bezirkskrankenhauses war ab diesem Zeitpunkt auch die ihrige. Sie machte sich als Buchhalterin nützlich, später als Botin. In Stenoheften dichtete sie fleißig weiter. Ein Kinderarzt schrieb über die damals 64-Jährige: „Daneben hat sie auch zahlreiche Gedichte von Schiller und Goethe ins Sächsische übertragen –, nein, nicht übertragen, sondern mit dem ihr eigenen Humor geändert oder ergänzt." Im Jahr 1962 starb Lene Voigt. Auf dem erst Jahrzehnte später im Jahre 1985 aus Spenden gesetzten Grabstein finden sich Zeilen aus einem ihrer berühmtesten Gedichte: „Was Sachsen sin / von echtem Schlaach / die sin nich / dod zu griechn ..."

Erst um 1989/90 wurde die Lene-Voigt-Gesellschaft gegründet. Sie organisiert Lesungen und verleiht in Vortragswettbewerben die „Gaffeeganne" und das „Gaggaudebbchen". Es wurden in Leipzig ein Park, eine Straße und eine Mittelschule nach ihr benannt. Auch im Ratskeller des Leipziger Neuen Rathauses kann mensch Lene Voigt seit dem Jahr 2000 intensiver begegnen.[9]

Gedicht der Autorin

Nu grade

Wie oft geht uns was schief im Lähm.
Doch därf mer das so schwär nich nähm
un jammern laut: „Wie schade!"

Ärscht rächt schbornt das de Gräfte an,
un frisch befeiert ruft mer dann:
„Nu grade!"

Wenn alles glabbte in dr Welt,
so wie mer sich's hat vorgeschtellt,
's wär mit dr Zeit rächt fade.

Aus Hindernissen schbät un frieh
wächst frehlich-fräche Enerchie.
„Nu grade!"

Gemeene Mänschen reich an Zahl
dräächt unsre Erde nu eemal
in jederlei Formade.

Doch jedes Been, das mir geschtellt,
das bracht mich weiter uff dr Welt.
„Nu grade!"

1928

Kiki, „la Reine de la Montparnasse" – eine reine Königin?

Im Oktober 1901 wurde in Châtillon-sur-Seine, circa 150 km südwestlich von Paris, eine kleine Alice Ernestine Prin geboren. Sie sollte später eine berühmte französische Sängerin, Schauspielerin, Modell und Malerin werden. Und sie war so schön, dass sie, als Henri Broca im Mai 1929 in der Musikhalle Bobino am Montparnasse einen Tanzwettbewerb als Wohltätigkeitsveranstaltung organisierte, zur unangefochtenen „Königin von Montparnasse" aufstieg. Dabei war ihr Tanz wild, im Erleben der Mitbürgerinnen der Zeit schlüpfrig und obszön. Sie war also eine ganz besondere Art von Königin.

Das freche Mädchen Alice wuchs bei ihrer Oma auf, einer sehr stützenden und zugewandten Frau. Mutter Marie, wie ihre Tochter ein Dickkopf, war nach Paris gegangen. Dorthin folgte Alice im Jahr 1913. Vier Jahre wohnte sie mit der Mutter zusammen. Als Alice das erste Mal Modell stand, setzte ihre Mutter sie auf die Straße. Alice lebte von Notgroschen und weiterem Modellsitzen. Bezahlt wurde diese Tätigkeit häufig mit einer Mahlzeit oder Unterkunft, denn die Maler waren oft selbst arm. Alice musste sich nahezu prostituieren. Manchmal mag es nicht beim stundenlangen, regungslosen Verharren als optische Vorlage für das Bild geblieben sein. Wie eng wird oft auch für Alice der Grenzgang zwischen Ausbeutung und Chance gewesen sein? Das Wort „Modell" wurde übrigens in den 1980er Jahren zunehmend zur Verschleierung von Prostitution eingesetzt und daraufhin mit dem englischen „Model" ersetzt.

Bei Alices frühen Aufträgen als Unterhaltungsbegleiterin erhielt sie erstmals zum Wachbleiben Kokain – ein Verhängnis für ihr weiteres Leben. Als eine Freundin Alice fragte, wovon sie träume, antwortete sie: „Essen, Trinken, Wärme!" Von mehr als der Erfüllung von Grundbedürfnissen schien sie am Anfang nicht zu träumen. Und schon gar nicht davon, dass sie einmal am Montparnasse so beliebt werden würde. An anderer Stelle schwärmte sie, sie wolle im Alter nach Burgund zurückgehen und Schweine züchten: „An einem Schwein ist alles fein."

Alice lernte viele Maler kennen. Von einem von ihnen erhielt sie um das Jahr 1920 ihren Spitznamen „Kiki" (aus verliebtem Spiel mit dem griechischen Aliki). Sie bereicherte die Bohème. Im Jahr 1921 zog sie mit dem amerikanischen Fotografen Man Ray zusammen. Dieser experimentierte mit Sandwichmontage, Doppelbelichtung und Fotocollage und wurde schnell mit seinen so genannten „Rayografien" berühmt. Im folgenden Jahr lernte Kiki ihre lebenslang-enge Freundin Thérèse („Treize") kennen: „Wenn einer von uns was passiert, passiert es uns beiden, auch wenn es darum geht Schläge auszuteilen oder einzustecken." Das Pflaster, auf dem Kiki als Muse arbeitete, war hart. Im Jahre 1922 wurde das Gemälde „Le Nu couché à la toile-de-Jouy", in etwa: „Akt, schlafend auf der Couch mit Stoff aus Jouy" des Japanischen Künstlers Foujita „Foufou" Tsuguharu als sensationell auf dem Herbstsalon bemerkt. Kiki war das Modell dafür gewesen. Im darauffolgenden Jahr lösten Aktfotos ihrer Brust einen Skandal aus.

Kiki begann selbst zu malen und erreichte gute Qualität. Jedoch nur auf den Leinwänden der anderen Maler sei sie perfekt: „Mit einem Pinselstrich beseitigen sie alle meine Fehler!" Der große Kontrast zwischen der Selbstwahrnehmung ihres eigenen Körpers einer Frau und der Fremdwahrnehmung ihrer Schönheit ist hier sehr deutlich! Im Juni 1924 wurde in der Zeitschrift Littérature die Fotomontage „Le Violon d'Ingres" veröffentlicht, welches den nackten Rücken von Alice plus zwei aufgemalte, zart geschwungene Violoncello-Schalllöcher zeigt, eines von Man Rays surrealistischen Meisterwerken.

In Villefranche-sur-Mer nahe Nizza verführte Jean Cocteau, homosexueller Zeichner, Regisseur und Schriftsteller, Kiki im Jahr 1925 zu einem neuen Rauschgift: „Wenn der Alkohol das Tor zum Wahnsinn öffnet, dann öffnet Opium das Tor zur Weisheit." Wegen ihres lockeren Verhaltens wurde Kiki erstmals von der Sittenpolizei ins Gefängnis gebracht. Sie verzweifelte, dachte an Selbsttötung und glaubte, dass sie aufgrund von Angstzuständen verrückt werde. Unvergesslicher „Hass" keimte in ihr auf. Ein Arzt aus Paris bescheinigte, dass Kiki „wegen ihrer kranken Nerven behandelt" werde. Dies verschaffte ihr zwar eine Strafaussetzung für zwei Jahre. Dennoch war sie „gestempelt". Dies ist auch heute noch so, in Zeiten von Bürokratismus und Computererfassung. Eine psychiatrische Diagnose wird mensch kaum wieder los.

Neben Drogen brauchte die Königin Kiki immer „viel Liebe" von Männern
(und Frauen). Auch nach der großen Armut ihrer Anfangszeit in Paris gingen Liebe und Kunst für sie häufig zusammen. Mit dem Sänger Jamblon,
„Prinz vom Montmartre", trat Kiki den Sommer 1931 lang in St. Tropez als
Gesangsduo auf. Da sie inzwischen 80 Kilogramm wog, schwor sie dem
Alkohol ab. Ihre Frage am Strand: „Findest du mich zu dick?", beantwortete
Jamblon charmant mit: „Schlank sein kann jede Frau, aber schön sein, das
kann nicht jede." Kikis Liebe zu ´çakébon´ – ihr Wort für Kokain – vertrieb
ihn. Sie nutzte es wie Medizin und um „den Hunger zu vertreiben". Später
kam noch Heroin hinzu.

Im Jahr 1939 wurde Kiki erneut festgenommen und kam in die berühmte Psychiatrie Salpêtrière in Paris. Drogensüchtige wurden seinerzeit für
geisteskrank gehalten. Sie wusste: „In den Anstalten wird man erst verrückt. --- Es sei zu meinem ´Besten`, dass sie mich mit den Irren einge-
sperrt haben. --- Ich bin nicht irre. Ich kiffe, das ist alles." Nach jeder ihrer
Entziehungskuren fühlte sie sich immer „so traurig, so müde, so allein …
Ich hatte Krisen, weil mir etwas schmerzlich fehlte." Kiki fand nie heraus,
welches Bedürfnis sie hätte befriedigen müssen, um einen guten Weg für
sich zu finden. Fördernde Freunde, wie Jamblon sie fand, blieben bei ihr aus.

Kiki nahm drei Schallplatten zusammen mit dem Akkordeonspieler André Laroque auf. Ihre Karriere, auch beim Film, wurde vom Krieg gestoppt.
Der in der Résistance aktive Laroque musste sich in Sicherheit bringen. Er
rettete Kiki später vor einem brutalen Liebhaber und kümmerte sich die
letzten Jahrzehnte um sie.

Auch nach dem Krieg blieb die „Reine" des Montparnasse nicht „rein". Sie
fälschte Rezepte für Psychopharmaka und wurde dabei erwischt. Ab dem
Jahr 1950 lebte sie wieder von Notgroschen und großzügigen Freundinnen.
Ihre Stimme war vom Alkohol- und Drogenmissbrauch verändert, ihr Körper von Wassersucht aufgedunsen. Mögliche Ursachen für diese Ansamm-
lung von Flüssigkeit im Körper können Herz-, Nieren- oder Leberschäden
gewesen sein – allesamt naheliegend bei Kikis Lebensstil. Am 23. März
1953 versagte Kikis Körper, nur 52 Jahre alt, den Dienst ganz. Sie starb in
Paris. Alice Ernestine Prin, genannt Kiki, wurde auf dem Pariser Friedhof
Thiais, sieben Kilometer südlich, beigesetzt.[10] Dabei blieb Kiki selbst ein
„guter" Mensch und half anderen bis zum Ende.

Alice Prins Grab wurde bereits im Jahre 1974 aufgelöst.[11] Wie anders ver-
lief das Gedenken bei Lene Voigt, die ihren Grabstein überhaupt erst 23
Jahre später bekam! Erinnert wird Kiki heute vor allem in optischer Form
durch die Medien, mit denen ihre jugendliche Schönheit für die Ewigkeit
festgeschrieben wurde.

Dorothea Buck, 1956 zwischen zweien ihrer Werke

Dorothea Buck – Unermüdliche Vorkämpferin für eine bessere Psychiatrie

Dorothea Buck wurde mit 18 Jahren am 2. März 1936 bei der Vorbereitung der großen Wäsche im elterlichen Wohnhaus auf der Insel Wangerooge von drei Sätzen überfallen. Sie hörte keine Stimmen, es war die Gewissheit, die sie überfiel:

„(E)in ungeheuerlicher Krieg wird kommen; ich bin die ‚Braut Christi'; ich werde einmal etwas zu sagen haben und die Worte kommen ganz von selbst."

Ihre Eltern hatten wenig Sinn für diesen Überfall. Natürlich durfte auch vom geplanten Krieg nicht laut gesprochen werden, obwohl bereits mental in der Schule durch Schönschreibübungen mit Worten wie „Bunker" darauf vorbereitet wurde. Nach einem stark bewusstseinserweiternden Erlebnis im Watt kurze Zeit später wurde Dorothea Buck in ein „Haus für Nerven- und Gemütsleiden" der „Von Bodelschwinghschen Anstalten" in Bethel bei Bielefeld eingewiesen. Trotz des dort an einer grünen Wand hängenden Bibelwortes: „Kommet her zu mir, Alle, die ihr mühselig und beladen seid! Ich will euch erquicken." musste sie dort die völlig gesprächslose Behandlung in Form von Dauerbädern, Kaltwassergüssen, Betäubungsspritzen unter anderem von Emil Kraepelin (1856-1926) erleben. Es war schon damals wesentlich einfacher, Menschen als krank abzustempeln anstatt die Wahrnehmung dieser jungen Frau zu erlauben, die realistisch-fein-erweitert die Zeichen der Zeit erkannte. Sie nannte die Psychose später „Zentralerleben, denn alle Bereiche des menschlichen Erlebens, die in der 'normalen' Welterfahrung beziehungslos zersplittert sind, erlebte ich in diesem Zustand als sinnvoll verbunden und vereinigt wie bei einem Fächer".

Bethels Leiter, Pastor Fritz von Bodelschwingh, hatte schon v o r dem NS-Regime im Mai 1931 bei der „Ev. Fachkonferenz für Eugenik" in Treysa die Sterilisation gefordert. Auch Dorothea Buck wurde ohne ein einziges aufklärendes Gespräch, obwohl im „Gesetz zur Verhütung erbkranken Nachwuchses" vom 25. Juli 1933 vorgeschrieben, während ihrer neun Monate Aufenthalt in Bethel zwangssterilisiert. Der „notwendige, kleine Eingriff" wurde als Blinddarm-Operation weg gelogen, obwohl die Narbe in der Mitte des Bauches war. Bei dieser Vorgehensweise handelt es sich um scharfe Fremdbestimmung und ist aufgrund der lebenslangen Auswirkungen als Verbrechen zu bezeichnen. Die vorherige Lebensplanung war hiernach nicht mehr realisierbar.

Im Zeitraum von 1936-1959 hatte Dorothea Buck fünf Psychosen. Ihre späteren Schübe habe sie als Ausgleich für die Abstempelung als „minderwertige Geisteskranke" gebraucht. Einige Wochen nach ihrem fünften und letzten Schub fiel ihr auf, dass mit dem Aufbruch ihrer Psychose ihre Nachtträume ausgesetzt hatten. Dies schien ihr wie ein Hinweis auf die gemeinsame Quelle von Traum und Psychose im eigenen Unterbewussten. Schon während des vierten Schubs im Jahre 1946 hatte sie neben einer Mitpatientin den Gedanken eines Unbewussten. Diese erwachte und benutzte in der Psychose eine französisch klingende Sprache – wohl ein vererbter Inhalt, sie stammte aus einer Hugenottinnenfamilie. Diese beiden Erlebnisse verbanden sich zu der Einsicht, dass in der Psychose das eigene, normalerweise Unbewusste in unser Bewusstsein einbricht. Das Akzeptieren und Einbeziehen der Kräfte des Unbewussten in unser normales Leben heilt, statt sie medikamentös oder auf andere Weise zu unterdrücken. So vertraute Dorothea Buck immer auf ihre inneren Impulse, damit sich gar nichts stauen konnte. In den Jahren seit dieser Erkenntnis lebte sie psychosefrei – und ohne Medikamente.

Der Lebensgang

Dorothea Buck wurde im April 1917 als viertes von fünf Kindern in Naumburg a.d. Saale geboren. Ihr Vater war Domprediger. Im Jahr 1920 zog die Familie nach Oldenburg im heutigen Niedersachsen. Dort erlebte Dorothea Buck eine freie und zugleich behütete Kindheit. Die Straße mit mehr Pferdewagen als Autos darauf gehörte zum selbstverständlichen Spielplatz der Kinder. Das Spielen wurde im elterlichen Haus als beste Entwicklungsmöglichkeit fast höher bewertet als die Schule. Mit 14 Lebensjahren leitete Dorothea Buck bereits einen bis zu 28 Kinder umfassenden Kinderspielkreis im Gemeindehaus und übte schon für ihren Berufswunsch Kindergärtnerin.

Da Dorothea Buck diesen Beruf als Schizophrene und Zwangssterilisierte jedoch später nicht hätte ausüben dürfen, wurde sie freischaffende Bildhauerin und arbeitete für die Stadt Hamburg. Dort lebte sie in einem

Gartenhaus mit viel Grün, Blumen und Vögeln. Als im Jahr 1961 erstmals die bis dahin verschwiegenen psychiatrischen Morde an 220.000 Anstaltspatientinnen und Heimbewohnerinnen und die unverändert unmenschlichen Zustände in den psychiatrischen Anstalten bekannt wurden, gab sie ihre künstlerische Arbeit auf. „Wo es an der einfachsten Menschlichkeit fehlt, kann ich keine Kunst machen", fand sie. Ihre Begeisterung für die Kunst war durch ihre tiefe Beunruhigung zerbrochen. Sie unterrichtete in den Jahren 1969 bis 1982 als Lehrerin für 'Kunst und Werken' an der Hamburger Fachschule für Sozialpädagogik I künftige Erzieherinnen (Kindergärtnerinnen).

Dorothea Buck mit 99 Jahren

Foto: Alexandra Pohlmeier

Der Journalist Hans Krieger ermutigte Dorothea Buck, ihre Geschichte aufzuschreiben. Im Jahr 1990 kam ihr Erfahrungs- und Selbstheilungsbericht „Auf der Spur des Morgensterns – Psychose als Selbstfindung" heraus, mit zwei Neuauflagen in Taschenbuchform in den 1990er Jahren. Wegen der unveränderten Vorurteile gegen Psychiatrie-Erfahrene wählte Dorothea Buck das Pseudonym „Sophie Zerchin", das Wort Schizophrenie mit umgestellten Buchstaben. Erst in der vierten Ausgabe im Jahr 2005, ergänzt durch einen Anhang: 'Künstlerische Arbeiten' und `'Wie es weiterging', verzichtete sie – inzwischen ohnehin durch viele Lesungen bekannt – darauf.

In Zusammenarbeit mit Dr. Thomas Bock an der Hamburger Universitäts-Psychiatrie Eppendorf entstand im Jahr 1989 das erste Psychoseseminar. Hier wurde mit den Betroffenen gesprochen, nicht über sie. Die Umsetzung der Idee des Trialogs, des Gesprächs zwischen Betroffenen, Angehörigen und in der Psychiatrie tätigen Menschen, war für alle Beteiligten sehr beeindruckend. Eine wechselseitige Fortbildung aller drei Gruppen fand statt. Daran schlossen sich für Dorothea Buck fast zehn Jahre rege Reisetätigkeit im deutschsprachigen Raum an. Inzwischen gibt es weit über 150 Psychoseseminare. Der Trialog fand im Jahr 2011 im 21. Jahr statt – passend zum 21. Jahrhundert, in dem die Weltgesundheitsorganisation (WHO) die psychischen Gesundheitsprobleme zu den brisantesten mit der größten Verbreitung unter den Krankheiten erklärte. „Menschen mit psychischen Erkrankungen unbefangen zu begegnen ist eine kulturelle Notwendigkeit", findet auch die Initiative „Irre Menschlich" in Hamburg. Im Jahr 1992 gründete Dorothea Buck den „Bundesverband Psychiatrie-Erfahrener e.V." (BPE) mit, dessen Ehrenvorsitzende sie bis zuletzt war. Diese beiden Unternehmungen brachten ihr in den Jahren 1997 und 2008 zwei Bundesverdienstkreuze vom Staate ein. Im Jahr 2017 wurde sie vom Hamburger Senat für ihr Lebenswerk ausgezeichnet.

Aktuelles und Zukünftiges

Die Forderung von Dorothea Buck: „Redet mit den Patienten" ist auch heute aktuell, denn es wird wieder mehr genetisch argumentiert. Weiterhin werden Neuroleptika hochdosiert eingesetzt ohne mit den Patientinnen zu sprechen. Neuroleptika unterdrücken die Gefühle. Ärztinnen können oft nicht ertragen, dass das Aushalten des Zustandes und das Gespräch darüber elementar zur grundsätzlichen Bewältigung des krisenhaften Erlebens gehören. Sie haben zudem oft einfach keine Zeit. Eine mit Neuroleptika stillgelegte Person ist bei abnehmendem Personalschlüssel in Krankenhäusern leichter zu handhaben als eine solche in wilder, ungebremster Krise. Eine Mini-Bremse mit geringer Dosis wäre wesentlich besser für die Betroffenen. Einer der Fortschritte aus dieser Aufeinander-zu-Bewegung ist der Behandlungsvertrag, der mit einem nahebei liegenden Krankenhaus abgeschlossen werden kann. Die Betroffenen legen darin vorher fest, was in einer akuten Krise am besten für sie ist – und sei es nur ein warmes Bad direkt nach der Aufnahme, auch um 1h nachts.

Mit 93 Jahren hat Dorothea Buck die Stiftung „Gegen Euthanasie und Zwangssterilisation und für EX-IN" gegründet. EX-IN bedeutet „Experienced Involvement" und ist eine Ausbildung von Betroffenen zu Genesungsbegleiterinnen. „Da wird aus dem Ich-Wissen ein Wir-Wissen." (D. Buck) Menschen, die ihre Verarbeitungsprozesse als „Erfahrungsschatz" gezielt ins Erwerbsarbeitsleben hineintragen, werden das Thema als Lehrende und in anderen Berufen zunehmend enttabuisieren.

Als ich den Dokumentarfilm „Himmel und mehr" über diese unermüdliche Vorkämpferin sah, hat er sich mir mit nachhaltigem Eindruck eingeprägt. Auf jeden Fall erinnere ich ihn als andauernd super-intensiv. Sehr umsichtig und feinfühlig wurden die in den Jahren 2001-08 gefilmten Aussagen verdichtet aneinander geschnitten und versuchen, die Frage zu beantworten: Wie konnte diese Frau so konzentriert und konsequent ihre Krisen bewältigen und sich anschließend gesellschaftlich so erfolgreich für den Wandel einsetzen?

Dorothea Buck kämpfte bis zuletzt, noch immer standen angemessene Entschädigungszahlungen aus. Dorothea Buck war wach und voll sprühenden Lebens bis in ihre letzten Lebenswochen hinein, wenn auch mit Altersgebrechen in den letzten Jahren in einem Altenheim lebend. Noch im September 2019 fragte sie eine langjährige Vertraute bei deren Besuch, was diese von Greta Thunberg halte. Dorothea Buck starb am 9. Oktober 2019. Eine wundervolle Frau ist gegangen – ein großer Trauergrund. Jedoch weit mehr als das. Dorothea Buck hat wie wenige Menschen vor ihr die sprachlose Psychiatrie revolutioniert.

Der Film „Himmel und mehr" von Alexandra Pohlmeier ist als DVD käuflich erwerbbar.

Maria Callas und der „helle Wahnsinn" bei Donizetti

Wahnsinn ist in der Kunst – Literatur, Malerei wie Musik – immer wieder Thema gewesen. Ich möchte hier ein Beispiel aus der Musik darstellen. Opern zu verstehen ist besonders schwierig. Das liegt neben der häufigen Unverständlichkeit des gesungenen Textes daran, dass mensch oft die historischen Zusammenhänge und Bedeutungen nicht kennt. Natürlich lässt sich wunderbare akustische Verwöhnung auch ohne Hintergrundwissen einfach so genießen – pur! Dennoch möchte ich hier eine italienische Bel Canto-Arie („schöner Gesang". H.O.) mit „wahnsinnigem" Inhalt näher erläutern. Aus dem Jahr 1985 gibt es eine Zusammenstellung mit sieben „Verrückten Szenen und Bel Canto Arien", die Maria Callas bis dahin gesungen hatte.

Maria Callas' besonderes Verdienst in der Musik liegt in der Wiederbelebung der Belcanto-Opern Rossinis, Donizettis und Bellinis. Sie strebte sehr nach gesangstechnischer Perfektion, war nie ganz zufrieden. Außerdem besaß sie außerordentliche Musikalität. Ihre Darstellungskraft und Verwandlungsfähigkeit beeindruckten. Maria Callas gilt bis heute als unerreichte „Primadonna assoluta" des 20. Jahrhunderts.

Die Künstlerin

Die im Dezember 1923 in New York geborene Griechin Maria Callas hatte keine einfache Kindheit. Zuerst soll die Mutter das Kind – da kein Sohn geworden – bis vier Tage nach der Geburt nicht angesehen haben. Als sie bemerkte, dass das Kind gut singen konnte, wurde die Tochter schon mit fünf Jahren zu dauerndem Üben angehalten. Ab dem Jahr 1937 studierte Maria Callas am Konservatorium in Athen „als pummelige und bebrillte Schülerin" Gesang. Ihre ältere Schwester war schlank und hübsch und sie sei das Gegenteil gewesen. „Es ist eine grausame Sache, ein Kind sich hässlich und ungewollt fühlen zu machen." (O-Ton Callas)

Im Jahr 1949 heiratete Maria Callas den italienischen Unternehmer Giovanni Meneghini und nahm dessen Staatsbürgerschaft an. Zwei Jahre später wurde sie durch ihren Auftritt in der Oper Aida von Verdi in Mexiko schlagartig bekannt. In der Saison 1953/54 nahm die Sopranistin der Weltklasse circa 30 kg ab, nachdem ihr Körpergewicht zuvor fast 100 kg erreicht hatte. Sie soll gezielt einen Bandwurm geschluckt haben. Am Höhepunkt ihrer Karriere im Jahr 1954 titelte eine Zeitung in Mailand: „Die Scala im Delirium". Ihre Liebesaffäre mit Aristoteles Onassis führte zu beider Scheidung, jedoch ehelichte er dann Jacqueline Kennedy. Offensichtlich hatten Maria Callas und Onassis gemeinsam einen Sohn, der jedoch im Jahr 1960 kurz nach der Geburt verstarb und von ihnen verheimlicht wurde.

In ihren Singakten gab Maria Callas immer alles. Ihre Karriere war bereits in den 1960er Jahren beendet, als sie gut 40 Jahre alt war. „Nur ein glücklicher Vogel kann singen", sagte sie einmal. Die Beziehung zu Onassis war nicht glücklich. Sie hatte sich bis dahin regelmäßig zu stark verausgabt. Daher fehlte ihr später die innere Kraft für den außergewöhnlichen Ausdruck, den mensch von ihr gewohnt war. So tief in die Lieder hinein zu gehen – das w a r Wahnsinn! Und eben auch hell in gewisser Weise.
Schon im Jahr 1977 starb Callas mit nur 54 Jahren in Paris an Herzversagen. Ihre Asche wurde vor der griechischen Küste verstreut.

Anne Boleyn – Anna Bolena

Die hier interessierende Arie aus der Oper „Anna Bolena" wurde von Gaetano Donizetti (1797-1848) komponiert und im Jahre 1830 uraufgeführt. Das Stück befasst sich mit dem tragischen Geschick von Anne Boleyn, der zweiten der acht Ehefrauen des Königs Heinrich VIII. von England. Die Aufführung leitete den Beginn der Karriere des Komponisten ein.

Im Jahr 1526 hatte sich Heinrich VIII. in Anne Boleyn verliebt, eine Hofdame seiner Gattin Katharina von Aragon. Als diese Ehe endlich geschieden werden konnte, fand die heimliche Heirat mit Anne Boleyn statt. Doch auch sie gebar ihm, wie Katharina, „nur" eine Tochter, die künftige Elisabeth I. Ihre weiteren Totgeburten bedrohten König Heinrich VIII. emotional und in der Thronnachfolge. Da der König seine angetraute Ehefrau Anne legal nur durch eine Verurteilung zum Tode loswerden konnte, wurden Intrigen von mehreren Seiten gegen sie geschmiedet. Die ihr vorgeworfenen Delikte wurden dem Ziel entsprechend gewählt: Inzest mit dem Bruder, mehrfacher Ehebruch und Mordpläne am Ehegatten. Sie hatte zu einem ihrer angeblichen Liebhaber einmal unbedacht gesagt: „…wenn dem König etwas zustieße, würdet Ihr mich haben wollen." Dies musste als Beleg herhalten.

Wenige Tage nach Annes Verhaftung wurden die vier potenziellen Liebhaber festgenommen. Sie wurden alle – nur aufgrund von Verdacht – hingerichtet. Obwohl keine der Anschuldigungen gegen Anne bewiesen werden konnte, wurde sie im Mai 1536 in London geköpft – durch einen extra importierten französischen Star-Henker mit dessen Spezial-Schwert.

Die Oper

In der Bel Canto-Oper wurden die Rollen der Realität dramatisiert. Der Ex-Geliebte wird Percy genannt, der Bruder Rochefort. Die Anna benannte Königin Anne singt im ersten Teil der Oper sehr romantisch: „Führe mich zu dem Schloss meiner Geburt, zu den grünen Platanen am stillen Bach, der von unseren Seufzern noch widerhallt." Während Rochefort, Percy und Smeton an ihr vorbei geführt werden, wandelt sie innerlich zwischen Wahnsinn und Klarheit hin und her. Die drei Männer gönnen ihr die „Verwirrtheit" als Schutz: „Soll sie nur träumen, barmherziger Himmel, möge ihre Seele aufsteigen zu dir!" Wie mensch der künstlerischen Verarbeitung des Phänomens Wahnsinn zu dieser Zeit anmerkt, wurden psychotische Zustände noch als sinnbehaftet angesehen. Das Wort Psychose gab es noch nicht einmal, nur die Bezeichnung „Psyche" ist zunächst als Name eines schönen, jungen Mädchens in der griechischen Mythologie seit dem 17. Jahrhundert belegt.

Später sind im Verlauf des Gesangsstücks Kanonendonner und Glockengeläut zu hören, die die Heirat König Heinrichs VIII. mit der Nachfolgerin Jane Seymore andeuten. Anna resigniert in wachsendem Wahnsinn: „Zur Vollendung des Verbrechens fehlt nur noch Annas Blut, und es wird fließen." Sie vergibt – ganz Frau, aber auch ganz erwachsen den Realitäten ins Auge sehend: „Ruchloses Königspaar, die furchtbarste Rache beschwöre ich nicht in dieser Schreckensstunde; in das offene Grab, das mich erwartet, steige ich mit Vergebung auf den Lippen." Durch diesen inneren Schritt erhofft sie sich Huldigung von Gott. Hierauf wird sie ohnmächtig.

Der Autor

Es ist im Nachhinein interessant, dass am Beginn der Karriere des Musikers Gaetano Donizetti ein Stück stand, welches Wahnsinn zum Thema hatte. Für die Nachwelt mag dies wie ein böses Omen für den Schriftsteller selbst wirken: Er entwickelte ab 1843 aufgrund einer Syphilis-Erkrankung schwere geistige Beeinträchtigungen und musste schließlich für mehrere Jahre im Irrenhaus Ivry, Paris, untergebracht werden. Gaetano Donizetti starb im Jahr 1848.

Das Leben der „Königin von Hollywood" – Vernachlässigung und Spätfolgen im Leben der Marilyn Monroe

Psychische Stresssituationen wirkten sich bei Marilyn Monroe schon in der Kindheit mit Übelkeit, Erbrechen, Hautausschlag und Stottern aus. Minderwertigkeitsgefühle waren von Anfang an allda in ihrem Leben. Das Stottern trat besonders seit der ersten Einweisung in ein Waisenhaus auf und wurde später durch ihren Perfektionswahn und wachsende Versagens- und Verlustängste verstärkt. Sie nahm immer höhere Dosen an Beruhigungspillen, was ihre psychische Labilität noch steigerte. Monroe hatte eine so genannte Schlafangst mit Einschlafstörungen – letztere wiederum mit Beruhigungsmitteln gestillt und am nächsten Tag wiederum mit Aufputschmitteln bekämpft. Medikamentenabhängigkeit war die Folge.

Am 1. Juni 1926 wurde Marilyn Monroe als drittes Kind von Gladys Pearl Mortensen mit dem Namen Norma Jeane Mortenson in Los Angeles geboren. Gladys, Vorarbeiterin als Negativcutterin beim Film, hatte es geschafft die Schwangerschaft zu verheimlichen. Sie gab ihre Kinder ins Waisenhaus. Dort flüchtete sich Norma Jean in eine Traumwelt und wurde „die Maus" genannt. Die früh erlebte Vernachlässigung hatte Spätfolgen im Leben der Marilyn Monroe. Gladys musste später mit der Diagnose Schizophrenie in ein Sanatorium gehen. Norma Jean fühlte sich bald in den diversen Pflegefamilien verloren, da die „Eltern" oft nur am Pflegegeld interessiert waren. Bereits mit elf Jahren bemerkte sie selbst an den Reaktionen von Mitschülern in der Schule, dass das Mauerblümchen eine „Orchidee" geworden war. Im Alter von 13 Jahren versuchte ein Untermieter in einer der Pflegefamilien, sie zu vergewaltigen.

Im Sommer 1941 beendete Norma Jean die Junior High School. Nach mehreren Schulwechseln verließ sie die University High School ohne Abschluss. Norma Jean heiratete im Juni 1942 mit 16 Jahren den 20-jährigen James Dougherty. In der wachsenden Kriegsindustrie fanden sie beide Arbeit. Durch erste Fotos kam der Kontakt mit einer Modelschule zustande. Ab jetzt bestand ihr Alltag aus Üben, Üben, Üben und aus hartem, zielorientiertem Arbeiten. Vieles wurde durch Agentinnen gemanagt. Ein

Privatleben gab es nicht mehr. Im Jahr 1946, als Norma Jean sich scheiden
ließ, gab es den ersten Vertrag mit der Filmgesellschaft Fox. Mit jedem
Fotoshooting hätte sie mehr verdient, jedoch: „Der einzige Weg für mich,
etwas zu sein, war der, dass ich – nun jemand anderes war. Wahrschein-
lich wollte ich deshalb Schauspielerin werden." (O-Ton) Sie änderte ihren
Namen – wohl der Vorname der Tänzerin Marilyn Miller (1898-1936)[12][13]
und den Nachnamen ihrer Großmutter Delia – und ließ sich die Nase
chirurgisch korrigieren, das Kinn mit Silikon aufpolstern, den Haaransatz
zurückverlegen und die braunen Haare platinblond färben. In der Nach-
wuchsschule verbesserte Marilyn Monroe täglich ihre Fähigkeiten und
bekam Gesangsunterricht. In dieser Zeit entstanden aus Hunger heraus die
berühmten Kalender-Akt-Bilder, die um die Welt gehen sollten. Sie stand
offen zu ihrer Not, womit ihr vergeben wurde. Im Zeitraum von 1950 bis
1955 spielte Marilyn Monroe in 15 Filmen die Hauptrolle. Sie litt sehr unter
der Festlegung auf die Rolle der dummen Blondine. Hollywood wollte nur
„die Hülle, ihren Körper".

Mehr Männer und Therapie

Im Jahre 1952 begann die Affäre und Kurzehe mit dem berühmten
Baseballspieler Joe DiMaggio. Auf ihrer Hochzeitsreise zwei Jahre später
trat Marilyn Monroe zehn Mal im hauchdünnen Cocktailkleid vor über
100.000 Soldaten in Südkorea auf, bis eine Lungenentzündung sie stopp-
te. Die Beziehung war „… wie eine verrückte, schwierige Freundschaft mit
gewissen sexuellen Privilegien. Später erfuhr ich dann, dass die meisten
Ehen so sind." (O-Ton) Joe war so eifersüchtig wie ihr erster Mann, und
dazu jähzornig. Er blieb ihr nach der Scheidung im Jahr 1954 immer ein
treuer Freund.

Zwei Jahre später heiratete Marilyn Monroe den Schriftsteller Arthur
Miller. Ihr Gefühl zu der Ehe: „Es ist, als käme ich aus der Kälte nach
Hause." (O-Ton) Eine Anekdote aus der Zeit: Sie: „Stell dir unsere Kinder
vor: mein Körper und dein Geist!" Er: „Und wenn es nun genau umgekehrt
kommt?!" Ende 1958 erlitt sie ihre zweite Fehlgeburt, wohl aufgrund der
vielen Beruhigungstabletten. Dies führte zu schweren Schuldgefühlen und
Depression. Einen Seitensprung von ihr konnte Miller nicht verkraften. Im
Frühjahr 1961, wieder im Jahr der Scheidung, begann Marilyn Monroe eine
Therapie bei dem Arzt und Psychiater Ralph Greenson. Obwohl sie weiterhin für Männer unwiderstehlich blieb und große Erfolge als Künstlerin

feierte (O-Ton: „Ich hatte immer das Gefühl, ich sei ein Nichts."), wuchs ihr
Medikamentenmissbrauch. Im Jahr 1962 hatte sie mit beiden Kennedy-
Brüdern Beziehungen. Für den einen sang sie in einem durchsichtigen, mit
6.000 Perlen besetzten Seidenkleid, das ihr auf die Haut genäht werden
musste: „Happy Birthday, Mr. President!"

Marilyn Monroes Abhängigkeit von Medikamenten wurde auch von
außen verstärkt, um sie als Patientin zu behalten. Sie hatte oft mehrstün-
dige tägliche Therapiesitzungen. Im Sommer verreiste Greenson länger
und verschrieb ihr Medikamente als Ersatz. Die Haushälterin und gelernte
Krankenpflegerin Eunice Murray war Tag und Nacht um sie.

Am 5. August 1962 starb Marilyn Monroe mit Mitte 30 an einer Überdosis
des Barbiturats Nembutal und eines Schlafmittels. Es gab seinerzeit viele
Gerüchte darüber, wer für ihren Tod verantwortlich sein könnte. Es wurde
auch ein zufälliger Tod von eigener Hand vermutet bei dem Versuch, „sich
von Schmerzen des Lebens vorübergehend zu retten." Die Ärztinnen erklärten den Todesfall Marilyn Monroe sofort zum Selbstmord. Jedoch: Ein
Teil des Chloralhydrat wurde ihr wohl rektal zugeführt. Die Haushälterin
äußerte im Jahr 1984 in einem BBC-Interview über diese letzte Nacht: „Ach,
warum muss ich – in meinem Alter – immer noch diese Sache vertuschen?"
Marilyn Monroes Ex-Mann Joe DiMaggio richtete die Beerdigung unter
Ausschluss der Öffentlichkeit aus.

Vernachlässigung und Sex

Das häufige Plötzlich-an-einen-fremden-Ort-verfrachtet-Werden führte
zu einer pathologisch verstärkten Unsicherheit bei Marilyn Monroe. Sie
glaubte, dass Vertrauen total und Liebe bedingungslos sein müssten – eine
unreife Vorstellung. Ein Arzt schrieb dazu: „Wenn du als Kind vernachlässigt wurdest, rennst du immer dein Leben lang jeder Anerkennung hinter-
her und bist nicht in der Lage, dich emotional voll zu binden." Zu Lebzeiten
war Marilyn Monroe ein Sexsymbol. Ein Schriftsteller über sie: „... [sie]
vermittelte, Sex könnte schwierig und gefährlich mit anderen sein, aber
wie Eiskrem mit ihr."

Monroe setzte Sex kindlich-zwanghaft ein, um Zuwendung und Wärme
zu bekommen. Sie wurde erst durch die Erregung eines Mannes wirklich,
eigene Lust war ausgeschlossen. Marilyn Monroe bleichte sogar ihr Venus-
haar, um eine perfekte Blondine zu werden.

Abschließend hier eine handgeschriebene
Notiz von ihr, die im OP-Saal gefunden wurde:

*„Vor der Operation unbedingt lesen: Lieber Doktor, **Schneiden Sie so wenig wie möglich.** (...) – die Tatsache, dass ich eine **Frau** bin, ist wichtig und bedeutet mir viel. Erhalten Sie bitte (ich kann Sie nicht deutlich genug fragen), was Sie können – ich bin in Ihrer Hand. (...) um Himmels Willen Lieber Doktor keine **Eileiter** entfernen – bitte bitte tun Sie, was immer Sie können, um große Narben zu verhindern. Ich danke Ihnen mit meinem ganzen **Herzen**.“*

(Markierungen M.M.; Übersetzung H.O.)

Soraya von Persien: „Ich bin nicht mehr ich selbst." – Depressionen in Königshäusern

„Ich bin eine Bakhtiary." Soraya, ´Ihre Kaiserliche Majestät, Die Königin von Iran´, war Tochter eines persischen Vaters aus einer nomadischen Fürstenfamilie und einer deutschen, fröhlichen Mutter. Im Jahr 1932 geboren, besuchte Soraya nach einer freien, wilden Kindheit die englische Missionarsschule für persische Kinder in Isfahan. Dort fühlte sie sich zwischen den Polen „methodisch"-europäisch und „ungezügelt"-persisch, „als wäre ich in zwei Hälften zerrissen." Wie schon hier unter den Mitschülerinnen blieb sie auch später eher einsam.

Berufliche Jugendträume als Detektivin erfüllten sich nicht, denn im Alter von 18 Jahren geriet die schöne junge Frau auf die Kandidatinnenliste zur Auswahl als Gattin Schah Rezas von Iran. Es war Liebe auf den ersten Blick. Aus politischen Gründen sollte die Hochzeit mit Schah Reza schnell erfolgen. Das 20 Kilo schwere Brautkleid von Dior wurde von dem „Kolibri" – einmal ein Arzt zu ihr – erfolgreich getragen.

Sorayas Vorstellung vom Kaiserin-Dasein – „Eselsmilchbäder in einer Schwanenhals-Badewanne, Mondschein im Duft der Jasminblüten" – bewahrheitete sich jedoch nicht: „Von Tag zu Tag (…) lerne ich ihr Leben, oder besser: ihr Gefängnis, kennen." – „die ewigen Familienmahlzeiten, (…), der verdunkelte Raum, um anödende Filme anzusehen. Langeweile, Einsamkeit. Schon jetzt." – „Nichts als Trivialitäten, nichts als rosa und blaue Schmetterlinge, (…) nichtige Fragen über die Geschäfte und Gesundheit meiner Gäste. Und wenn schon. Diplomatie verpflichtet." Schon bald nach der Hochzeit fand sich das Kaiserpaar in ein Netz aus Intrigen verstrickt. Vornehme Familien umschmeichelten sie mit „honigsüße[n] Komplimenten: Sie betrüben mich und widern mich gleichzeitig an, doch ich lasse mir nichts anmerken. Eine Kaiserin darf ihre Gefühle nicht zeigen." Diese andauernde Versagung das eigene Selbst zu leben, könnte eine Grundlage für spätere Depressionen gewesen sein.

Das Kaiserpaar siezte sich durchweg als „Zeichen gegenseitiger Achtung". Soraya trat bei Staatsbesuchen als modern-orientalische Frau auf. Auch sorgte sie für verschwenderischen Glanz am Hof von Teheran. Nur der ersehnte Thronfolger blieb aus. Das führte zur Trennung.

Mit einer Leibrente in Höhe von 17 Millionen Mark und dem Ehrentitel „Ihre Königliche Hoheit, Prinzessin von Iran" nach der Scheidung im Jahr 1958 „fühlte [ich] mich wie eine Gefangene, die nach vielen Jahren Einkerkerung vergessen hat, wie man inmitten anderer Menschen lebt." Soraya genoss weiterhin großen Luxus, reiste viel und brillierte in der Jet-Set-Society. Die angestrebte Karriere als Schauspielerin blieb ihr versagt. Die zweite große Liebe mit dem italienischen Regisseur Indovina wurde im Jahr 1972 durch ein Flugzeugunglück beendet. Depressionen befielen sie. „Prinzessin Schwermut" scheute nun öffentliche Auftritte und lebte zurückgezogen in ihren luxuriösen Anwesen in Paris und Marbella, Spanien. Im Jahr 2001 wurde sie im Familiengrab in München beigesetzt.

Künstlerin Hildegard Wohlgemuth – „Das Leben der Bettelkönigin"

Auf dem Cover der schlanken Broschüre mit dem Titel „Das Leben der Bettelkönigin" ist ein Bild mit Eulen und einem himmlisch wirkenden Auge abgebildet, das wohl Gott darstellen soll. Direkt darunter ruht eine Katze, seitlich spreizen sich zwei Hände mit Donnerblitzen aus den Fingerspitzen ab. Rückseitig ist Hildegard Wohlgemuth mit einer selbst gemalten und beschriebenen Bettelschürze abgebildet. Als „ARME OMA, 67 Jahre" bittet die Hamburgerin auf dem Foto um eine Spende. Sie habe „stets nur um Geld für Zeichenmaterial"[14] gebeten, denn: „Malen Beruhigt." Hildegard Wohlgemuth war in Hamburg bekannt als „Bettelkönigin". Eine befreundete Malerin, viel in Norddeutschland unterwegs, hat sie noch gekannt und schrieb: „Eine bemerkenswerte Persönlichkeit."[15]

Hildegard Wohlgemuth wurde knapp einen Monat nach der Wahl der Nationalsozialisten[16] am 24. Februar 1933 als Tochter eines Försters geboren. Das Dorf Pillkallen lag südöstlich von Tilsit im heutigen Westrussland. Hildegard, die ihre Mutter nicht kannte, spielte viel im Wald und war zufrieden. Als ihr Vater eine Litauerin heiratete, sandten die Nationalsozialisten im Jahr 1941 den Vater an die Front, die Mutter ins Arbeitslager und das 8-jährige Kind ins Kinderheim. Vor der herannahenden Kriegsfront wurden alle 27 Kinder, darunter auch andere Kinder aus ihrem Heimatdorf, in ein Heim bei Leipzig verlegt. Im Jahr 1943 wurden bei einem Bombenangriff alle 26 Kinder im Keller getroffen und getötet. Nur die 10-jährige Hildegard, die sich woanders versteckt hatte und drei Tage lang verschüttet war, überlebte. Nun begann sie Stimmen zu

Hildegard Wohlgemuth mit farbiger Schürze

hören – von genau 26 Engeln. Damit erhielt sie ihre Freundinnen innerlich am Leben. Leider hörte sie ebenfalls die beängstigende, metallene Stimme des Krieges. Gegen die Stimmen der Kinder waren alle Medikamente machtlos. Gegen die Kriegsstimme waren sie oft lebensrettend.

Nach dem Krieg wurde Hildegard Wohlgemuth nach einer Phase der Obdachlosigkeit und des Reisens im Jahr 1948 in eine Klinik gebracht, wo sie insgesamt 17 Jahre bleiben würde. Mitpatientinnen brachten ihr ein bisschen Lesen und Schreiben bei. Ein verheirateter Automechaniker schwängerte Hildegard. Das Alleine-Sorgen für die 1966 geborene Petra half Hildegard Liebe zu erleben und zu geben. Eine Ärztin und eine Betreuerin begleiteten sie auf ihrem Weg, hin zu Verantwortung und Selbstständigkeit – mit Sozialhilfe und Betteln nicht immer einfach. Aber Hildegard lernte auf sich zu achten und sich bei Stress zurückzuziehen. Als Oma von vier Enkelkindern zeigte sich, wie gut sie mit Kindern umgehen konnte.

Nicht nur Kinder liebte Hildegard Wohlgemuth. Sie liebte alle netten Menschen und, da sie selbst an das Gute im Menschen sowie an Gott glaubte, traf sie auch fast nur auf gute Menschen. Sie gab gerne ab. Sie

lebte viel auf der Straße an der frischen Luft und teilte mit anderen bedürftigen Menschen. „Mit dem Daumen", also per Autostopp, reiste Hildegard Wohlgemuth, noch mit 65 Jahren, nach Paris. Als Tramperin wird frau immer gut mitgenommen. Bis vor meinem Unfall im Jahre 2001 habe ich damit selbst nur gute Erfahrungen gemacht. In Paris schlief Hildegard Wohlgemuth mehrere Sommer lang auf Parkbänken. Ihr kamen die Menschen in Paris freundlicher und großherziger vor. Es gibt ein Tagebuch: „[I]ch mag halt das Land, das mich nie verletzt hat. Die Menschen sind gut, da kann ich vergessen." (Auszüge, Broschüre, S. 19) „Der goldene Mond in all seiner Pracht ist in Paris am allerschönsten, (...)." (S. 21) Die Naturnähe und die Freiheit taten ihr gut. Sie half anderen Bettlerinnen viel.

Seit dem Jahr 1985 lernte Hildegard Wohlgemuth die Malerin Elisabeth Ediger kennen und sich künstlerisch auszudrücken in deren Atelier – ein Glücksfall für sie! Nach den ersten sehr dunklen Bildern malte sie immer bunter. Erst ab dem Alter von 52 Jahren war es ihr vergönnt sich selbst mit dem Malen zu heilen. Ihre Erinnerungen als Kriegskind veränderten sich. Die Bilder wurden farbenfroh, sinnlich und mosaikhaft, Katzen wurden ihr Alter Ego[17]. Hildegard Wohlgemuth verkaufte oder verschenkte ihre

besonderen Bilder in Hamburg auf der Straße. Sie machten sie so bekannt, dass bundesweite Ausstellungen und Auftritte in Talkshows folgten. Der Stil wird der „Art brut", der Kunst Psychiatrieerfahrener, zugeordnet. Reich wurde Hildegard Wohlgemuth nicht. Als „Lebenslehrerin" wirkte sie mit an Begegnungsprojekten des Vereins Irre menschlich Hamburg in Schulen, vor allem in der Unterstufe. Die Schulkinder liebten sie. Dass jemand Stimmen hört, war ihnen gar nicht so fremd.

Im November 2003 starb Hildegard Wohlgemuth mit 70 Jahren. Erst bei ihrer Beerdigung tauchten Gedichte auf, deren Urheberschaft zum Teil unklar blieb. Es gab eine Lyrikerin exakt desselben Namens (1917 bis 1994) mit recht ähnlichen Erfahrungen (Ostpreußen, Flucht, Hamburg, Dichten, eine Tochter). Die Dichterin Hildegard Wohlgemut war Mitglied der Dortmunder Gruppe 61. Ihre Buchpublikation „Frieden: Mehr als ein Wort"[18] passte zur Botschaft der Malerin Hildegard Wohlgemuth.

Bundesweit bekannt wurde Hildegard Wohlgemuth durch die Mischung – ihre Bilder, das Buch Bettelkönigin und ihr Engagement bei „Irre menschlich Hamburg". Es bleiben von Hildegard Wohlgemuth eigene Bilder, ein Teil davon fester Ausstellungsteil in Bayreuth[19]. Es gibt Filme und Bücher über sie. Die hier besprochene Broschüre „über das Leben mit Bildern von Hildegard Wohlgemuth ist über den ‚Irre menschlich Hamburg e.V.' zu beziehen."[20] Das von einem Autorenteam gestaltete Kinderbuch und Hörspiel „Die Bettelkönigin" ist eine an die Geschichte von Hildegard Wohlgemuth angelehnte, mit Bildern von ihren eigenen Gemälden verschönerte Erzählung. Dass dieses Buch nun bereits in so vielen Auflagen erschienen ist, wäre wohl ebenfalls sehr im Sinne der Malerin. Sie hätte sicherlich gewollt, dass sich viele Kinder weiterhin an ihrem Schaffen erfreuen und daran lernen.

Eine arabische Prinzessin aus dem Hause Al Saud – „Sultana, eine Feministin von königlichem Geblüt", aber auch: ein Leben als „ein schmaler Streifen Angst"

*„Es ist nicht die Absicht der Autorin und der Prinzessin,
mit dieser wahren Geschichte den islamischen
Glauben schlecht zu machen."*

Leitsatz Sasson

Die amerikanische Journalistin Jean P. Sasson hat zum Leben der hier besprochenen saudi-arabischen Prinzessin inzwischen vier Bücher aufgeschrieben.[21] Sasson lebte länger in Saudi-Arabien und wurde ab dem Jahr 1983 Sultanas Freundin. In den ersten beiden Büchern wird die Geschichte der großen Familie Al Saud in Saudi-Arabien sowie die der kleinen Familie der Prinzessin Sultana[22] mit Mann und drei Kindern und direkten Verwandten erzählt. Die Großfamilie Al Saud kann mensch bis circa 1450 zurückverfolgen.[23] Im Jahre 1744 schloss der damalige Herrscher Muhammad Ibn Saud einen Vertrag mit dem Gründer der Wahhabiterinnen sich gegenseitig militärisch zu stützen und zu legitimieren. Daher sind diese puristisch-konservative Religion[24] und das Herrscherinnenhaus noch heute eng miteinander verknüpft. Das Herrscherinnenhaus regiert seit dem Jahr 1932 das Königreich Saudi-Arabien. Der Koran gilt für Wahhabiterinnen als unantastbar, als „letztgültiges Manifest Gottes (…), das über Zeit und Raum hinweg Bedeutung hat." (Abdel-Samad, S. 233). Den Koran[25] im historischen oder kulturellen Kontext zu sehen ist nicht gestattet. Schon kritische Fragen zu stellen wird als Sünde angesehen. Die zuletzt entstandene Sure 9 propagiert Hass auf Andersgläubige. Dieser Hass „besteht bis heute in weiten Teilen der islamischen[26] Welt". Wer nicht selbst am Dschihad, dem heiligen Kampf, teilnimmt, kann sich und seine Familie durch großzügige Spenden von Geld oder Waffen schonen. Das im Jahr 1938 entdeckte Öl in Saudi-Arabien – über 25 % des Weltvorkommens – erlaubte es, große Reichtümer anzusammeln („Saudi-Arabien verdient rund eine

Milliarde Dollar pro Tag mit dem schwarzen Gold."[27]). Daher können viele
reiche Saudis sich freikaufen.[28] Nach Sultanas Angaben gab es im Jahr 1991
nahezu 21.000 Familienmitglieder, samt etwa 7.000[29] Prinzen, die mitsamt
Großfamilien großzügig staatlich versorgt werden.

Sultanas Mutter wurde im Jahre 1946 mit zwölf Jahren an ihren damals
20-jährigen Vater verheiratet. Sie war ungebildet, aber klug und wurde
später schwermütig. Für Töchter gilt folgender Satz Mohammeds: „Wer
immer eine Tochter hat und sie nicht lebendig begräbt, sie nicht be-
schimpft und ihr nicht seine männlichen Kinder vorzieht, den möge Gott
ins Paradies bringen." Frauen werden fast immer von Vätern, Brüdern und
Ehemännern verachtet. Alle diese Männer machten sich jedoch dadurch
unglücklich. Der Islam nehme heute eine unrühmliche Spitzenposition
bei der schlechten Behandlung von Frauen ein. Es sei Auslegungssache des
Korans, ob Frauen gleichberechtigt oder „in einem kulturell-religiösen Käfig gehalten" (Abdel-Samad, S. 169) werden. Auch Frauen werden im Koran
als Vorbilder benannt: „'Siehe, die muslimischen Männer und Frauen, die
gläubigen, die gehorsamen, die wahrhaftigen, standhaften, demütigen,
almosenspendenden, fastenden, ihre Scham hütenden und Allahs häufig
gedenkenden Männer und Frauen, bereitet hat ihnen Allah Verzeihung
und gewaltigen Lohn. (…)' (Sure 33:35)". Es gebe in Sure 66:10-12 Beispiele
für Frauen, die gegen den Strom geschwommen seien.

Auch Sultana schwamm gegen den Strom. Schon als Mädchen hatte Sultana mit drei Freundinnen zusammen den Club „Flinke Lippen" gegründet.
Beim Schleierkaufen verhielten sie sich nicht züchtig genug in den Augen
eines der Väter: Ihre Freundin wurde von ihm verstoßen und ertränkt! Diesem ersten Drama folgen viele, viele weitere Dramen, sowohl innerfamiliär
als aus der umgebenden Dienerinnenschaft.
Als Sultanas Cousin, der Anwalt Karim, als Gatte für sie ausgesucht
worden war und die beiden sich kennenlernten, war ihm wichtig, dass sie
nicht beschnitten sei. Außerdem bemerkte er schon damals: „Ein Leben
mit dir wird auf jeden Fall keine langweilige Angelegenheit." Sie galt als
sensibel und schwierig. Es war/ist ungewöhnlich, dass ein Brautpaar sich
so gut gefällt. Sultana setzte das ungewöhnliche Brautkleid „aus grellroter
Spitze" durch. Ihr Mann Karim nahm sich keine weiteren Ehefrauen. Als er
einmal eine zweite heiraten wollte, floh Sultana mit den drei Kindern über

Dubai nach Europa. Sechs Monate dauerte diese Art Jet-Set-Flucht, bei der sie Dinge tat wie bloß mal eben nach London fliegen, um ein nicht nachverfolgbares Telefonat zu führen! Nach ihrer Rückkehr – Karim hatte „gebettelt" – durfte Sultana weiter die Frauen-Hochschule in Riad besuchen und schloss im Jahr 1990 das Studium der Philosophie mit Magistra Artium ab. Wie Sultana sind viele Frauen heute gebildet. Sie sagt, im Endeffekt würden die Männer den Frauen doch häufig das letzte Wort lassen. Männer dominieren jedoch weiterhin das gesellschaftlich-sichtbare Leben.

Der Text ist ein ständiges Hin und Her zwischen dem Jammern: „Gleichberechtigung für Frauen [wird] unerreichbar" bleiben und der Selbstsicht als Feministin mit Hoffnung: „Ich sagte mir, dass in der Geschichte schon oft ein einzelner Veränderungen bewirkt hatte, die das Leben von Millionen verändert hatten!" Der versuchte Einsatz für die Enkelin der alten Dienerin in Kairo ist dann wieder fruchtlos: Die Tochter der Dienerin lässt sie trotz dieser hohen Fürsprecherin beschneiden. Gescheitert. Immer wieder wird das Elend benannt, dass ältere Männer sich 12-jährige Mädchen zu Sexspielen kaufen oder einfliegen lassen. Wirklich widerliche Fakten über sexuelle Missbräuche werden benannt. Sultana bricht in den Büchern die kulturelle Sitte der Geheimhaltung. In den von Mauern umgebenen Palästen werde vieles diskret übergangen. Selbst beim drohenden Tod eines Kindes im Krankenhaus werde so formuliert: „Es fühlt sich nicht wohl."

Der Schleierzwang sei auch für Männer schlimm. Nach Abdel-Samad stehe die Empfehlung, sich „in ihren Überwurf [zu] verhüllen" und so „nicht erkannt" und „nicht verletzt" zu werden „(Sure 33:59)" mit Mohammeds Biografie in Zusammenhang. Er hatte im Alter von über 60 Jahren einige Ehefrauen, die um die 20 Jahre alt waren, und damit „Unsicherheit und Verlustängste". Die Zeiten sexueller Belästigung sind zwar heute nicht vorüber, jedoch die Zeiten von Raubzügen und Stammesfehden durchaus. In Sure 33:33 legte Mohammed nahe, dass Frauen das Haus zum Selbstschutz gar nicht verlassen sollen! Die heute unzeitgemäße Auslegung[30] hat für Frauen weitreichende Folgen: kein Schulbesuch, keine Krankenhausbehandlung, keine Arbeit. Und wer geht einkaufen, wenn keine Dienerinnen da sind?

Sultanas Alltag sah so aus: Schlafen bis mittags, Dienerinnen kümmern sich um die Kinder. Dann ein Obstimbiss in der Badewanne (haha …). Nach dem Mittagessen mit Karim und Schwestern: Auf dem Sofa Magazine lesen und mit den Kindern spielen. Am späten Nachmittag: Andere Frauen treffen. Nach dem Abendbrot mit ganzer Familie: Ausgehen bis 2h nachts zu gemischtgeschlechtlichen Treffen. Da bleibt natürlich für Wahrnehmung von dramatischen Verhältnissen innerhalb einer so großen Familie viel, viel Zeit! Das vierte Buch heißt „Prinzessin, Noch mehr Tränen" – kein einladender Titel nach dem Bisherigen, was bei aller Brisanz in der Häufung zum Großteil wie „BLÖD"[31]-Niveau wirkt.

Am schlimmsten an der arabischen reichen Gesellschaft sei, dass Langeweile regiere. Die Frauen haben nichts anderes zu tun als sich gegenseitig zu besuchen. Sie tragen unter den Abayas[32] knappe westliche Kleidung und seien bemüht sich gegenseitig auszustechen. Eintönigkeit und Unzufriedenheit sei verbreitet, Korruption ebenfalls. Viele der Prinzen seien drogen- und/oder alkoholabhängig.[33]

Im Jahr 1979 wurde bei Sultana Brustkrebs diagnostiziert. Zwar verlor sie eine Brust[34] und war geheilt. Sie konnte jedoch nach drei Kindern in acht Ehejahren nun keine weiteren Kinder mehr bekommen. Dies führte zu ihrer ersten Depression. Während solcher schwermütigen Zeiten rauchte Sultana immer sehr stark. Die Familiendramen trieben sowohl Sultana als auch Karim öfters an den Rand des Wahnsinns. Sultana hatte mit ihren Töchtern schwere Probleme durchzustehen. Ihre Älteste, Maha, musste zum Psychiater (viele Behandlungen der Reichen finden im Ausland, in London oder Paris, statt.), die jüngere Amani wurde Extremistin, entwickelte sich von der obsessiven Tierretterin zur ebensolchen Gläubigen.

Besonders erschreckend mag für Sultana gewesen sein, dass im Jahr 1986 anhand einer weitergetragenen Geschlechtskrankheit heraus kam, dass ihr Ehemann wöchentlich mit anderen Prinzen an Sexorgien teilnahm, für die Liebesdienerinnen aus Paris eingeflogen wurden. Insgesamt schwankt ihre Stimmung Karim gegenüber in dem Buch zwischen den Extremen: Große Freude über diesen großzügig-liebenden Mann bis zu Beschimpfungen als Feigling. Sultana überlegte sich, dass sie sich nicht mehr so häufig mit Wutausbrüchen durchsetzen wolle. Sie zitiert das hübsche arabische Sprichwort: „If your husband is made of honey, do not consume him."[35] (Sasson II, S. 251).

Einmal gab es ein großes Familientreffen. Sultanas Bruder Ali hatte kurz zuvor in Deutschland das erste Buch von Sasson/Sultana entdeckt und übersetzen lassen. Nun warf er ihr Verrat vor. Karim ergänzte, dass sie das Paradies vergifte. Jedoch wurde beschlossen, dass Sultana und die Familie nicht erkennbar seien und die Angelegenheit in der Familie bleiben könne.

Frauen waren in Sultanas Augen ebenso durchhaltend, mutig und quellenreich wie Männer, Sultana sei ihrer Zeit mit dieser Einsicht weit voraus. Sassons Absicht mit der Darstellung von Sultanas Leben war es aufzuzeigen, dass aus „Wissen, Mut und Tat" folgen müsse, dass die Männer aufhören könnten, den Willen der Frauen zu schmähen. Bisher ist dies jedoch in Saudi-Arabien nur an wenigen Stellen gelungen.[36]

stundenlang Frühling – „Ohne Mut ist vieles nicht möglich" – Karla Kundisch

Karla Kundisch, eine rege Selbsthilfeaktivistin, für Sachsen im Erweiterten Vorstand des Bundesverbandes Psychiatrie-Erfahrener (BPE e.V.) und Mitinitiatorin des Selbsthilfenetzwerkes für seelische Gesundheit in Sachsen, ist nebenbei – und manchmal gar nicht nebenbei – Dichterin. Künstlerin ist frau ja eigentlich nonstop – wenn schon, denn schon. Auch Malerin ist Karla Kundisch. Der Ausschnitt eines Bildes auf dem Umschlag zeigt es an: „vor mir auf dem Tisch/ liegen eine Schere und/ ein Nadelkissen", heißt es später im Buchinneren.[37]

Die vorliegende Gedichtsammlung, erschienen im Dezember 2012 im Verlag DIE FÄHRE, Dresden, umfasst „Lieder, Gedichte, eine kurze Geschichte und Vor- und Nachworte dazu". Gedichte aus der Lebensspanne 1971 bis 1997, chronologisch angeordnet, mit einigen aktuellen Nachbearbeitungen, füllen das kleine Büchlein. Umfasst wird ein seit dem Jahr 1956 im Raum Leipzig – Erfurt – Dresden verbrachtes Leben als Lehrerin, Erzieherin, Sozialarbeiterin, Ehefrau und Mutter.

Karla Kundisch hat kleine Momente erlebt-erfasst und festgehalten, wie das Zwiegespräch mit einer Katze, „sie saß auf einem Zaun am Wegesrand". Sie bleibt stehen, hört zu und versucht zu verstehen, was ihr leider nicht gelingt. Jedenfalls nicht gleich (siehe Nachwort). Oder ein anderes Mal der Augenblick, als ein Blatt auf sie fällt und ihr der Herbst daran auffällt. Es gibt daneben sinnenträchtige Gedichte, in denen Natur und Glauben philosophisch verknüpft werden: „meine Kirche ist der Wald … gehe ich … hin zum Altarfelsen", an dem die Quelle predigt. Karla hört diese und zugleich „den Chor der Vögel" und „die Stille". Überhaupt alles ist im Fluss, es gibt keine Satzzeichen in dem Buch. Erst am Ende in der Nachworte-Geschichte finden sich welche.

Das hübsche Büchlein wirkt wie von einer „normalen“, „gesunden“ Person geschrieben.

Erst auf einer der letzten Seiten tauchen Wörter wie „Psychopharmaka“ und „Nervenklinik“ auf. Dieser Fakt, das Stigma wird nicht weg geleugnet, jedoch auch in keiner Weise ins Zentrum gerückt. Dadurch ein sehr erleichterndes Buch – wie sollte es anders sein?? Ein gesundes Leben – inklusive Mut – ist möglich. Vielleicht auch mal ein weiteres Buch?

PS: Den Verlag DIE FÄHRE gibt es leider nicht mehr. Das Selbsthilfenetzwerk für seelische Gesundheit in Sachsen wurde umgewandelt zum Verein Selbsthilfedrei e.V., auch mit ihrer Hilfe. Deshalb und auch deshalb ist das nächste Buch noch nicht veröffentlicht. Nur der Titel ist schon klar: „spät Sommer“.

Gedicht der Autorin

einen Vogel haben

schön war es
wie im Traum war es
als ich einen Vogel hatte
in der Hand
am Mittwochmorgen
im Dezember

ein kleiner Vogel
flog in die Straßenbahn und dort
zwischen Menschen und Haltestangen
von Fenster zu Fenster
ich nahm
mir keine Zeit zum Denken
beim nächsten Halt
wollte ich aussteigen
hielt ihm meine Hände hin und sagte
komm
ich nehm dich mit raus

er landete neben mir am Fenster
ließ sich in die Hände nehmen
zur Tür hinaus tragen und
die Freiheit wieder geben

ich spüre noch
das kleine Herz
unter rostroten Federn

ich höre noch
die hat den wirklich
in der Hand

und vergesse nie die Angst und die Hoffnung
in den Augen des Rotkehlchens und
dass mir an diesem Tag manches besser
gelang
weil ich voll Freude war und voll
Zuversicht.

PS:
ich kann es
auch heute kaum fassen
weiß nur
schöner als
das Vogelhaben
war das
Fliegenlassen

Genesungsbegleiterin Arnolde Trei lebt heute in glücklichen Verhältnissen

Sie sei keine Karrierefrau, sagt Arnolde Trei, aber sie habe „einfach ganz viel Glück gehabt", dass sie bei der GAPSY, „Gesellschaft für ambulante psychiatrische Dienste", gelandet sei. Sie sieht insgesamt eine Öffnung in der Gesellschaft für das brisante Thema „psychische Gesundheitsprobleme". Sie selbst leitet seit dem Jahr 2014 sogenannte Recovery-Gruppen, um den Patientinnen beizustehen, „ihr eigenes Wissen um ihre eigenen Fähigkeiten wieder zu erstarken".

Arnolde Trei, geboren im Juni 1958, zog im Jahr 1984 26-jährig nach Bremen. Früher hat sie Biologie studiert und als Sekretärin Berufserfahrungen sammeln können. Nach Treis erster Krise im Jahr 1994 im Alter von 36 Jahren dauerte es sechs Jahre, bis die richtige Diagnose gestellt wurde. Seit dem Jahr 2000 ging es aufwärts. Seitdem ist Trei Mitglied in der Blauen Karawane, einem Sozialraum-orientierten Projekt in Bremen, das als einer der „Pfeiler [wirkte], die mir die Selbststigmatisierung ausgetrieben haben". Hier habe sie bei vielen Vorträgen und Diskussionen zu psychosozialen Gesundheitsproblemen viel gelernt. Sie sei sogar im Jahr 2013 im Rahmen einer Veranstaltung „Auf die Mischung kommt es an, Mit der Blauen Karawane zum Golden City" öffentlich aufgetreten. Dort erzählten mehrere Mitstreiterinnen, wie sie mit oder ohne ihre Beeinträchtigungen im Leben stehen. Trei spielt in der dortigen Showgruppe „Theatro Confuse" mit.

Mit ihrem Partner Reinhold, den sie seit dem Jahr 2001 kennt, hat Trei eine stabile Liebesbeziehung. Zudem ist sie im Freundeskreis, der ihre Höhen und Tiefen über die Jahre mitgetragen hat, gut eingebunden. Das ist sie auch am Arbeitsplatz bei der GAPSY, wo sie im Jahr 2003 als ambulante psychiatrische Pflegekraft (APP) begann. Darüber hinaus hat sie einen guten Draht zu ihrem Psychiater. Viele Menschen schämten sich und gingen noch zum Allgemeinarzt. Selbst in der Apothekenrundschau habe sie gelesen, dass der Bedarf an psychiatrischer Behandlung immens sei. Das Wissen in der allgemeinen Bevölkerung fehle noch immer.

Trei nimmt heute eine mittlere Dosis an Medikamenten. Das hält sie neben allem anderen stabil. Sie sagt, „dass ich mich im Großen und Ganzen gesund fühle" und „warum ich so fit bin, darüber kann man spekulieren."

Zu schnelles Absetzen führe bei ihr zu Leistungseinbußen, die Konzentration lässt nach. Eine Krise überfällt Trei heute „wie ein Schnupfen und vergeht auch wieder wie ein Schnupfen", jedoch der psychische Stress wird immer weniger. Sie sei heute nur noch zwei Wochen im Jahr krank. Das ist außerordentlich wenig. Das liegt daran, dass ihr auf der Arbeit trotz Handicap viel zugetraut wird. „Wenn ich unterfordert werde, führt das dazu, dass ich krank werde." Wenn Trei sich hingegen überfordert fühlt, sagt sie dies und bekommt einen Tag frei. Das Hinhören mussten die Arbeitgeberinnen erst einmal lernen. Trei ist heute „halt eine sehr geschätzte Arbeitskollegin".

Im Jahr 2006/7 durchlief Trei den EX-IN-Kurs und ließ sich zusammen mit anderen Krisenerfahrenen zur Genesungsbegleiterin ausbilden. Sie hat allerdings Glück, dass sie den Erwerbsarbeitsplatz schon mitbrachte. Immerhin hatte es im Jahr 2003 den Verein Expert*innenPartnerschaft (EXPA) schon gegeben, in dessen Rahmen Trei von einem Mitstreiter erfuhr, dass die GAPSY ein Projekt initiierte, „Psychisch Kranke" als Expertinnen einzustellen. Die Zuerst-400- Euro-Stelle zwecks Ausprobieren mündete wegen des guten Arbeitens in einem Vertrag mit 30 Stunden. „Es lief einfach gut." Viele der ausgebildeten Peers/EX-IN´lerinnen sind anschließend weiterhin längerfristig erwerbsarbeitslos.

Nach vier Jahren als APP wechselte Trei im Jahre 2007 ins Rückzugshaus, in dem Menschen in kleineren Krisen sich vor der klassischen stationärpsychiatrischen Behandlung schützen können. Jedoch „dieses Geballte an kriseligen Patientinnen" in den eineinhalb Jahren in den Rückzugsräumen habe sie „phasenweise total fertig gemacht". Sie konnte sich nicht mehr so gut distanzieren.

Als Trei als Folge davon depressiv wurde, war sie ein Jahr lang krankgeschrieben. In dieser Zeit wurde Trei klar, dass es „einfach zu viel Psychiatrie" in ihrem Leben gab und sie etwas anderes brauchte. Sie erprobte sich in einer Reha-Maßnahme im Büro. Das klappte gut. Im Jahr 2010 unterbreitete sie der Geschäftsführung der GAPSY den Vorschlag ins Büro zu wechseln. Diese ging darauf ein. Am Anfang sei Trei sehr geschont worden, jedoch mit den Jahren bemerkten die Mitarbeiterinnen, wie genau sie trotz Schwerbehinderung von 50 % auf sich aufpasste und dass es sich lohnte, sie mit jedem Wort ernst zu nehmen.

Nun ist Trei nur noch gelegentlich als Vertretung im Rückzugshaus, was ihr als Abwechslung gelegen kommt. Circa im Jahr 2012 gab es eine Erweiterung des Aufgabengebietes. Momentan gibt es eine zweite Erweiterung der Aufgabenbereiche. Sie wird jetzt voll eingearbeitet. Trei ist bei der GAPSY voll integriert und wird normal behandelt.

Seit Mai 2013 hat Trei die zweite Fürsprecherinnen-Stelle bei der Initiative zur sozialen Rehabilitation e.V inne. Sie berät die von der Ini … begleiteten Betroffenen, wenn diese unzufrieden mit ihren Betreuerinnen sind. Der Beratungsbedarf sei da, aber das Angebot werde zu wenig genutzt. Nach einem Sommerfest der Ini …, auf dem die Fürsprecherinnen Flyer verteilt hatten, wurden sie stärker genutzt, aber „dann ist die Zeit ins Haus gestrichen" und die Zusprache habe wieder abgenommen.

Trei hat mit beiden Stellen zusammen eine 35-Stunden-Woche. Ihre Freizeit ist gut ausgefüllt mit Lesen, Literaturkreis, Fitnessstudio und Nordic Walking. Regelmäßig seit dem Jahr 2008 liest sie einem alten Herrn vor. Bei so vielen Aktivitäten geht Trei häufig schon um 21h ins Bett. Bei Reinhold gibt es ein rotes Sofa, auf dem sie ausruhen kann und zudem gibt es „jeden Morgen eine Praline". Trei ist glücklich.

Besonders glücklich ist Trei mit dem jüngsten Schritt auf der Arbeit. Hier konnte sie sich einen seit der EX-IN-Ausbildung gehegten Traum erfüllen: Seit dem Jahr 2014 bietet Trei als Recovery-Expertin und -Dozentin mit einer APP-Kollegin zusammen einen Recovery-Kurs für ausgewählte Patientinnen der GAPSY an. Dieser umfasst neun Termine. Die feste Gruppe hat 6-8 Teilnehmerinnen. Die Teilnahme erfolgt nach gezielter Ansprache durch die jeweilige Fachpflegekraft und ist freiwillig. Für die Einrichtung einer zweiten Recovery-Gruppe wird Trei eventuell demnächst ihre Erwerbsarbeitszeit aufstocken. Wir wünschen Arnolde Trei, dass sie ausgeglichen bleibt und weiterhin den Alltag in ihrem Leben so ausgewogen gestalten kann wie bisher.

Nachsatz November 2019:

Ein Jahr nach dem Verfassen dieser Persönlichkeitsdarstellung hat Trei erfolgreich ihre Medikamente auf ein niedriger dosiertes Medikament umgestellt. Im Jahr 2017 gab es zwei weitere erfreuliche Ereignisse: Trei ehelichte ihren langjährigen Partner. Sie trägt nun einen Doppelnamen. Dann hat sich das Paar, ebenfalls zu der Zeit, einen großen schwarzen Jagdhundmischling mit dem Namen „Balu" angeschafft, der nun zwei Jahre und vier Monate alt ist. Er ist ein wildes, sehr einnehmendes Tier. Das bisherige Finale in diesem glücklichen, innerlich jungen Lebenslauf ist der Umzug in das BlauHaus am Kommodore-Johnsen-Boulevard in der Überseestadt/Walle Ende Juli 2019. Als langjähriges Mitglied im Blaue Karawane e.V. kann Arnolde Trei hier konsequent gemeinschaftliches Leben, Wohnen und Arbeiten über Generationen hinweg – mit einer integrierten Kita sowie einer Demenz-WG – mit leben. Eine Manege, in der der Verein seinen Wohnsitz haben wird, wartet auf seine Fertigstellung. Menschen mit und ohne Beeinträchtigung können inklusiv und alternativ zu betreuten Wohnformen bzw. Heimen City- und Weser-nah wohnen und leben. In diesem Neubaukomplex, unter anderem in Kooperation mit der GEWOBA realisiert, wurde diese Idee im Rahmen des sozialpsychiatrischen Denkansatzes der Blauen Karawane e.V. nun endlich umgesetzt.

Lady Diana, The Princess of Wales, und ihre Esssuchtprobleme

*„… Kinder haben es nicht in der Hand,
in welche Lebensumstände sie hineingeboren werden."*

Peter Maffay, Sänger, Komponist

Lady Diana hatte ein Leben mit vielen Höhen und Tiefen. Durch einige Veröffentlichungen, in denen sie persönliche Schwierigkeiten nicht aussparte, erschien Diana wie ein normaler Mensch mit Gefühlen und Schwächen. Dass eine so hübsche, öffentlich respektierte Frau sich zu Problemen wie Bulimie („Ochsenhunger") oder Depression nach Entbindung bekannte, unterstützte die Enttabuisierung beider Phänomene.

„The Lady Diana Spencer", kurz „Lady Di", verbrachte ihre Jugend als dritte Tochter in einer der ältesten Adelsfamilien Englands. Die Eltern hatten einen Sohn erhofft und waren enttäuscht. Die Kinder bekamen Streitereien ihrer Eltern mit, erlebten die Scheidung und eine ungeliebte Stiefmutter. Auch die älteste Schwester Sarah hat eine Essstörung, Anorexie bzw. „Appetitlosigkeit". So etwas kann in den besten Familien durch „schwierige bis gestörte familiäre Interaktion" vorkommen. Häufig dienen Essattacken schon in der Kindheit dazu, „Verletzung und Frust zu betäuben oder Spannung zu entladen." Viele Essgestörte sind unsicher in der Selbstwahrnehmung, insbesondere bezüglich ihrer Bedürfnisse, inklusive Hunger oder Sättigung.

Prinz Charles wählte die jüngste der Schwestern (nach Sarah 1955 und Jane 1957) zur Gattin. Die gelernte Kindergärtnerin Diana konnte mit der sofort einsetzenden öffentlichen Aufmerksamkeit nicht gut umgehen. Bis zu ihrer Hochzeit im Juli 1981 nahm sie innerhalb von wenigen Monaten sechs Kilo ab. Immer wieder überfielen sie später bulimische Schübe.

Die Traumhochzeit fand in der St. Pauls Cathedral in London statt, weltweit von über einer Milliarde Menschen verfolgt. Ein Kommentator über den Brautweg am Arm des Vaters: „dieser längste und glücklichste Gang, den sie je tun wird." Laut Dianas späterer Aussage war es „der schrecklichste

Tag in [meinem] Leben." Die Geburt zweier Söhne folgte. Jedoch gab es bereits Camilla Parker Bowles, die Langzeit-Geliebte von Charles.

Bei der Hochzeitszeremonie war das Geloben von Gehorsam kuriosererweise ausgelassen worden. Diana konnte nicht, wie sonst in Königshäusern üblich, diese Geliebte ertragen. Sie sagte später über diese Zeit: „Nun, es waren drei Menschen in dieser Ehe, also war es ein bisschen eng." Sie habe „sich nach einem Streit mit Charles Schnitte an Brust und Schenkeln beigebracht." Selbstverletzungen wie „Kratzen, Stechen, Nägelkauen oder Ritzen sind verzweifelte Versuche, sich zu spüren." Im Jahre 1992 wurde die Ehe öffentlich als getrennt bekannt gegeben.

Entwicklung zum Medienstar
Dianas nahe Verbindung mit den Medien begann schon vor der Hochzeit, als sie zufällig mit Kind auf dem Arm und mit Sonnen-durchscheinendem Kleid aufgenommen wurde. Das immerzu steigende öffentliche Interesse an ihr empfand Prinz Charles als unangenehm. Je mehr seine Frau im Vordergrund stand, desto uninteressanter fand er sie. Sie setzte die Medien später häufig gezielt ein, um sich gegen Anfeindungen und das ständige Nörgeln ihrer Schwiegereltern Elizabeth und Philip an ihr zu wehren. Die Auswirkungen des im Jahre 1992 erschienenen Buches „Diana – Ihre wahre Geschichte" waren nicht vorausplanbar. „[D]ie Aussagen über ihre Selbstmordversuche, ihre Verlassenheitsgefühle und ihre Bulimie" galten als sehr mutig. Diana erreichte mit diesen nichts vertuschenden Offenbarungen die Herzen vieler Menschen.

Zu Dianas „Ess-Störungen kam ein völlig übertriebener Fitness- und Gesundheitswahn. [Diana war schon immer eine gute Sportlerin gewesen.] Akupunktur, Shiatsu, Aromatherapie, Energieströme" – sie probierte fast zwanghaft alle nur möglichen Behandlungsformen aus. Dreimal wöchentlich „ließ sie sich den Darm spülen. Ergebnis: Irgendwann funktionierte ihre Verdauung nicht mehr von allein." Aus der „großen, dünnen Diana" hätte nie eine Frau wie ihr Idol „Marilyn Monroe" werden können.
Dennoch hatte Diana mit dem aus der Bulimie folgenden körperlichen Erscheinungsbild – sie schien „bezaubernd-graziös" – eine allgemein beliebte, ja geradezu krankhaft erwünschte Figur. Im Jahr 1985 bei einem Besuch in Italien äußerte sie entsetzt privat: „Was versuchen sie … mich dick

zu machen? Überall, wo ich hingehe, gibt es immer noch mehr Essen." Die Gefühle bei Bulimikerinnen sind häufig „Scham, Selbstekel, ,das Gefühl, abnorm zu sein' und Selbsthass. Die ´Fassade´ stimmt", aber das Innen wird depressiv. Lady Di hat eine verbreitete Bewältigungsart dieser Problemgruppe gewählt, nämlich extrem viel Sport zu treiben.

Im Jahr 1993 hielt Lady Di anlässlich der ersten Fachtagung zum Thema Essstörungen in England eine Rede, in der sie ihre persönlichen Erfahrungen mit der Bulimie einbezog. Sie wählte einige drastische Formulierungen: „Ich weiß es aus erster Hand, wenn ich sage, dass die in unserer Gesellschaft geforderte Perfektion einen Einzelnen auf Schritt und Tritt nach Atem ringen lassen kann. (…) Essstörungen, sei es Anorexie oder Bulimie, zeigen, wie ein Individuum die Ernährung des Körpers in eine schmerzhafte Attacke gegen sich selbst umwandeln kann." Diana stellte fest, dass von Essstörungen betroffene „Menschen, die in eine Spirale heimlicher Verzweiflung eingesperrt sind, aus (…) dieser entmündigenden Krankheit [herausfinden und] ihre Selbstwertschätzung" wiederfinden müssten. Im selben Jahr sagte sie bei einer Benefiz-Veranstaltung: „Ein Glück, dass ich heute hier sein kann. Eigentlich sollte ich mich den ganzen Tag übergeben, aber ich dachte, wenn es recht ist, verschiebe ich meinen nervösen Zusammenbruch." Lady Di war therapieerfahren. Ihr öffentliches Bekenntnis zu Bulimie führte zu einem Anstieg der Meldung von Bulimie-Fällen. Körperliche Folgen dieser Störung wie zu starke Belastung des Verdauungstraktes, Nierenschäden, Herz-Rhythmus-Störungen oder andere Spätfolgen führen bei knapp 20 % der unbehandelten Bulimikerinnen zum vorzeitigen Tod (deutsche Zahlen). Der vorzeitige Tod Lady Di´s Ende August 1997 im Alter von nur 36 Jahren verhinderte derlei Spätfolgen, so dass wir Lady Diana immer als hübsche Frau in Erinnerung behalten können.

Wohltätigkeiten

Lady Di hatte sich seit den 1980er Jahren für Aids-Kranke und andere benachteiligte Menschen eingesetzt. Sie reiste als „Botschafterin der Wohltätigkeit" um die Welt. Auch nach dem Bruch mit dem Königshaus vertrat sie als „Kaiserin des Guten Willens" unter anderem das Verbot von Landminen. Für die Rolle der „Power Princess" gab es kein Vorbild. „The Diana, Princess of Wales Memorial Fund", nur Tage nach ihrem tragischen Tod eingerichtet, führte diese wichtige Arbeit mit den reichlichen Spenden fort. Bis Dezember 2012 waren insgesamt über £112 Millionen für gute Zwecke ausgegeben worden.

Die zweite „Princess of Wales, Camilla Parker Bowles", setzt dieses Engagement in über 50 gemeinnützigen Organisationen fort. Sie trägt seit der standesamtlichen Heirat mit Prinz Charles im April 2005 ebenfalls offiziell diesen Titel, entschied sich jedoch für den Titel „Duchess of Cornwall". Denn der Titel „Princess of Wales" ist noch immer zu stark mit der „Königin der Herzen" assoziiert.

Lady Diana auf nordkoreanischen Briefmarken

Annette Wilhelm –
Eine Reise durch die Anderswelt

„Die Kunst ist der einzige Ort, wo man verrückt sein darf,
ohne dafür bestraft zu werden!"

Annette Wilhelm

Im Rahmen des Göttinger Psychoseminares trat Annette Wilhelm im September 2007 im Gemeindehaus St. Michael in Göttingen auf, wobei ich sie kennenlernte. Alle 90 Stühle im Raum waren mit gewogenem Publikum besetzt, und der Rahmen blieb gemütlich und überschaubar. Annette Wilhelm stellt semi-professionelle Kleinkunst vor. „Wir beginnen mit einer Welturaufführung!" kündigte sie als erstes selbstbewusst an. Den Beginn bildete eine 10-minütige Power-Point-Präsentation, die mit Musik ihres Bruders unterlegt war. Es wurden jeweils ein Bild und ein Gedicht von Annette Wilhelm nebeneinander an die Wand geworfen. Der Umschaltrhythmus war langsam genug, um Text und Bild in Ruhe aufzunehmen sowie auch noch den Zusammenhang der beiden zu erfühlen. Die Hintergrundmusik aus Didgeridoo, Saxophon und Schlaginstrument wirkte sehr beruhigend. Als Einstieg zum Ankommen in der Veranstaltung war diese Präsentation sehr gelungen und in keiner Sekunde langweilig. Anschließend trat Annette Wilhelm im Talar mit weißen Handschuhen an das Mikrophon. Es schien mir etwas schwierig, dass sie versächlicht als „Diplom-Psychose" auftrat. Es wird jedoch dabei die Krankheit als Person ausgedrückt. Und sie ist als solche phänomenal. Im ersten Sprechgesang, einem von Annette Wilhelm umgetexteten Stück von Georg Kreisler, wurden verschiedene „-ticker" aufgeführt und erklärt („Der Roman-ticker ist ein Frauengenießer."), des weiteren „Vertei-ticker", „Akadem-ticker". Es wurde sehr viel gelacht.

Im folgenden Vortrag stellte Annette Wilhelm sich als „Dipl.-Psych.", also Diplom-Psychose vor. Sie wisse mehr als Diplom-Psychologinnen und Psychiaterinnen. Sie erklärte Aufnahme- und Verarbeitungsprozesse am Tage durch die Augen, aber „nachts öffnen sich die Augen im Bauch". Hier öffnete sie ihren Talar und zeigte ihren schwarzen bekleideten runden Bauch, auf dem eine liegende rote Acht mit zwei weißen Innen-Spiralen

aufgemalt war, die wie riesige Augen wirkten.
Sie erklärte: „Wenn das Gehirn tagsüber gleichzeitig Signale von den Augen im Kopf und Bauch
bekommt, kann das das Gehirn verwirren.
Wenn eine dann ungewöhnliche Dinge tut, dann
fangen die Leute an mit Komisch-Gucken!"
Anderssein, auffallen und zwar negativ – das
kennt fast jede von uns. Was dann kommt, die
sogenannte Hilfe – „Bären im Kittel", Zwangs-
fixierung, Neuroleptika – führe dazu, dass „die
Augen im Bauch weh tun". Sie würden unterdrückt. Dorothea Buck wurde zitiert mit ihrem
Wort „Zentralerleben", welches sie selbst für
eigenes erweitertes Begreifen kreiert hatte. Was nun zu lernen sei:
das Seiltänzer-Dasein über dem
Abgrund des Wahnsinns.

Nach einer kurzen Pause folgte
der Vortrag „Die Diplompsychose
und die Kunst". Wieder wurden
je ein Bild und ein Gedicht an die
Wand geworfen. Nach Erklärun-
gen wurde das Gedicht ruhig vorgelesen, sodass kein Überangebot
und Unruhe beim Auswählen von
Was-am-ehesten-aufnehmen-
Wollen entstand. Es könne sogar
Glücksmomente in einer Psychose
geben, sie habe auch positive Seiten und helfe, bringe unerwartete,
tiefere Erkenntnisse. Der Titel des
dem Gedicht „Glück" zugeord-
neten Bildes war: „Der Teufel ist
immer und überall". Vorsicht ist
wohl doch immer angesagt.

Annette Wilhelm als Diplompsychose – eindrucksvoll illustriert

Die erleichternde Lösung in einer Krise sei: „Alles ist Kunst!" (Marcel Duchamp). Indem wir unsere Wahrnehmungen und inneren Reaktionen darauf ohne Angst begreifen und neu sortieren, schaffen wir uns unsere eigene Welt. Wir brechen zugleich den Kokon der Einsamkeit durch Kunstproduktion und damit Mitteilung auf.

Abschließend wurden noch literarische Texte verlesen, zum Beispiel ein Kochrezept, das lautmalerisch sehr schön moduliert war. In ihm wurde der gesellschaftliche Prozess als Back-Tat dargestellt. Die Frage: „Ist die Realität nicht viel grausamer, als der Wahn es je sein könnte??" wurde aufgeworfen. Weltkriege und der Holocaust wurden angeführt: „Aber, was ist Realität und macht diese überhaupt Sinn? Wo ist der Sinn einer 14-äugigen Fruchtfliege, eines geklonten Schafes, eines Brokkoli mit Schokoladengeschmack? Warum werde ich, wenn ich mich gegen meine Freundin wehre, weil ich nicht von ihr umarmt werden will, sie aber nicht von mir ablässt, wegen ‚Fremdgefährdung' in die Psychiatrie eingewiesen, während das Erfinden einer Atombombe noch Bewunderung hervorruft!?" Pornos würden an jeder Ecke verkauft, doch wer als „normaler Irrer" nackt durch die Stadt läuft, wird „gleich konfisziert". Die Frage dränge sich auf: „Verdirbt er oder sie euch die Preise?!" Würdevoll wurde der Ruf nach einer Zugabe mit einem tiefen Hutschwenken und „Tut mir leid, ich habe keine Zugabe!" mit ruhigem, strahlendem Lächeln beantwortet, Abgang. Die im Vortrag verwendeten Bilder (viele aus den Jahren 2006 und 2007) konnten im Anschluss bestellt werden. Tatsächlich wurde dieser Tisch mit den Vorlagen wild erstürmt. Das Publikum war begeistert, da alles „frisch" und im Prozess, „aktuell" wirkte.

Diese junge, inzwischen verheiratete Frau aus dem Süden unserer Republik wirkte so glücklich verarbeitet nach ihren Krisen, dass es sehr ermutigend war. Dass eine nach so etwas solch ein Wonneproppen sein kann …!! Im Jahr 1970 geboren, mit 20 Jahren ein Psychologiestudium begonnen, im Jahr 1991 zu Kunstgeschichte gewechselt, Theaterspielen begonnen. Später selbst psychiatrisch auffällig geworden. Im Jahr 2002 aus der Rehabilitation direkt in die Kabarettistin-Karriere gewechselt. Annette Wilhelm hat „nun endlich das Gefühl, dass ich psychisch Kranken wirklich helfen kann – indem ich sie zum Nachdenken und zum Lachen bringe!" Diese Darbietung vermittelte einen absolut positiven Gesamteindruck. Der Gedanke, dass eine Psychose etwas Unbewältigbares sein könnte, keimte nie auch nur im Ansatz auf. In dieser schönen Form würde mensch sich das Thema auch im Fernsehen wünschen, zum Beispiel bei Gerburg Jahnke, die regelmäßig „Ladies Night" mit Kabarettistinnen auf WDR moderiert.[38]

Annette Wilhelm tritt bundesweit auf. Ein Auftritt dauert zwischen 30 und 60 Minuten, Gage nach Absprache, zuzüglich Fahrtkosten und eventuell Übernachtung. Das Kabarett eignet sich hervorragend für Veranstaltungen jeder Art, zum Beispiel Feste, Jubiläen, sonstige Feiern oder Seminare im psychosozialen Bereich, in Psychiatrischen Kliniken und Rehaeinrichtungen etc.

Kontakt: Annette.Wilhelm@gmx.de

Der Teufel ist immer und überall von Annette Wilhelm

Nicoleta Craita Ten'o – dankbar für ein Leben in Deutschland

Nicoleta Craita Ten'o, geboren im März 1983 in Galați, Rumänien, ist eine deutsch-rumänische Schriftstellerin. Sie besuchte sieben Jahre lang die Schule. Im Jahr 1989 beendete sie diese mit 13 Jahren abrupt: Sie begann zu schweigen. Schizophrenie und Autismus wurden diagnostiziert. Bereits mit sieben Jahren hatte Nicoleta Craita Ten'o entschieden, ihr Wachstum zu bremsen. Es scheint gelungen zu sein, denn sie ist auch heute zart gebaut wie ein junges Mädchen.

Im April 2001 begann Nicoleta Craita Ten'os Vater als Schiffbau-Ingenieur in Hamburg zu arbeiten. Ihre Mutter, ihre jüngere Schwester und sie kamen nach. Leider blieb ihr Gesundheitszustand unverändert. Die Familie blieb in Deutschland. Seit dem Jahr 2009 sprechen die Eltern nicht mehr miteinander. Im darauffolgenden Jahr gab die Familie die Betreuung für Nicoleta Craita Ten'o auf, sie sollte in ein Heim gehen. Glücklicherweise trauten ihre Freundinnen, die neue Betreuerin und die Psychiaterin Nicoleta Craita Ten'o zu, in eine eigene Wohnung zu ziehen – zusammen mit ihrer Katze Haruka. Mit der Wohnung in Bremen-Nord sind nun alle zufrieden. Dank der Trennung der Eltern und ihrer Trennung von ihnen hat Nicoleta Craita Ten'o „angefangen zu leben"[39]. Es sei schwer, aber es gebe „viel Unterstützung, Anerkennung und Hilfe."

Schreiben und Veröffentlichen

Im Jahr 2000 war Nicoleta Craita Ten'os erster rumänischsprachiger Gedichtband erschienen, zwei Jahre später ihr Debüt-Roman in Bukarest. Im Februar 2003 erschien der zweite Roman Rebel, für den sie den ersten Preis in ihrer Laufbahn erhielt. Im April 2010 veröffentlichte Nicoleta Craita Ten'o ihren ersten deutschsprachigen Lyrikband Haruka. Ohne zu sprechen, hatte sie sich innerhalb von zehn Jahren die deutsche Sprache selbst angeeignet! Es folgten vier weitere Publikationen im Jahr 2011 und nochmals drei im darauffolgenden Jahr. Die Frauen des St. Petri Domes wurde im AAVAA-Verlag, das heißt als Taschenbuch, im Großschriftformat und als eBook, publiziert. Im Jahre 2012 gab es zwei weitere Preisverleihungen, unter anderem den ersten Preis vom Deutschen Odd Fellow-

Orden vom Freien Deutschen Autorenverband (FDA). Bei der Verleihung
in Leipzig wurde ihr Text vorgelesen. Nicoleta Craita Ten'o nahm live vor
Ort an ihrem 30. Geburtstag das Preisgeld und einen großen Blumen-
strauß entgegen. Regelmäßig reicht sie auch Texte in der Buchzeitschrift
IRRTURM, einem Projekt der Initiative zur sozialen Rehabilitation e.V.
in Bremen, ein, in dem Menschen mit Krisenerfahrung publizieren. Der
zweite Platz bei einem Wettbewerb im Jahr 2013 beinhaltete, dass Nicoleta
Craita Ten'o nun ihre eigene monatliche Kolumne in einem Onlinemagazin
bekommen hat. Bei der Breminale im selben Jahr las ein Künstler ihre Bei-
träge vor.

Nicoleta Craita Ten'o schreibt ausschließlich über Frauenliebe. Frauen
fühlt sie sich „sehr nah". O-Ton: „Ich habe ebenfalls … aber darüber kann
ich nicht sprechen, Dinge erlebt … Ich kann nur sagen, dass (…) in meinem
Haushalt jeder Gegenstand, jeder Gedanke in meinem Kopf weiblich ist
(…). Es ist erschreckend, in der Tat, dass so viele Mädchen solche schreck-
lichen Dinge erleben müssen …"
Könnten Nicoleta Craita Ten'os „bisherige Publikationen ohne Bedeu-
tung" und „nicht von Interesse für die Allgemeinheit" sein, so ihre Befürch-
tung? Folgende Gründe machen ihr Werk bedeutend: Circa jedes fünfte
Mädchen erlebt sexualisierte und/oder andere Gewalt in ihrem Leben.
Das Schweigen darüber wird zunehmend aufgebrochen. Nicoleta Craita
Ten'o hat hier einen eigenen Weg gefunden, das Schweigen zu überwinden.
Gesundheitsprobleme psychischer Art werden von mehreren Seiten als die
„Volkskrankheit des 21. Jahrhunderts" bezeichnet. Überwindungsberichte
sind immer wieder ermutigend. Es gibt neben zwei reinen Lesbenarchiven
und drei reinen Lesben-Buchverlagen in Deutschland etliche gemischte
Frauen- und Lesbenarchive und Frauenverlage, in denen diese Art von
Literatur unterkommen kann. Nicht zuletzt sind literarisch interessierte
Menschen begeistert von Nicoleta Craita Ten'os sinnenfreudigen Wortan-
sammlungen.

Alltagsleben heute
Die stumme Autorin arbeitete bisher in der Tagesstätte Bremen Nord.
Sie erledigte abwechselnd Hand- und Schreibarbeiten und Küchendienst.
Nicoleta Craita Ten'o hat noch nie gegen normalen Lohn gearbeitet und
bezieht Sozialhilfe, was ihr sehr unangenehm ist. Sie träumt davon, „ir-

gendwann mal aus der Schriftstellerei leben zu können". Dieser Traum sei unrealistisch, „doch die Hoffnung stirbt zuletzt". Seit letzten Juni arbeitet Nicoleta Craita Ten'o in den Werkstätten für behinderte Menschen (WfbM)/Martinshof in Vegesack. Sie war schon vorher „gespannt auf diese Herausforderung". Im Bereich Berufsausbildung – Industriefertigung verpackt Nicoleta Craita Ten'o Zubehör, das in Baumärkten verkauft wird. Sie fühlt sich dort „wohl und gut aufgehoben."

Nicoleta Craita Ten'o fühlt sich häufig nicht wert, „die Luft einzuatmen". Erschütternd ist, wie sehr die Selbstsicht dieser so mutigen jungen Frau und die äußere wohlverdiente Anerkennung auseinander klaffen. Sie dürfte wirklich stolz sein. Sie hat Bewunderung und Zuneigung verdient. Weil sie nicht aufgegeben hat. Dafür, was sie schafft – will mensch das „Leistung" nennen? Fürs preiswürdige Literatur-Erschaffen. Sie entwickelt sich in ihrem eigenen Tempo. Sie lässt sich so sein. Sie liebt die deutsche Sprache und „möchte nirgendwo lieber sein als hier." All das verdanke sie den Menschen, die „an [sie] geglaubt haben." Aber nicht nur – gehen musste sie wie jede von uns den Weg selbst. Immerhin traut sich Nicoleta Craita Ten'o, mit Schriftlichem an die Öffentlichkeit zu treten. Das finden noch mehr Leute „stark". Die vielen Preise zeigen es.

In der Weihnachtsstimmung des Jahres 2012 waren Nicoleta Craita Ten'o und ihre Freundinnen „sehr dankbar" für ihr schönes Leben. Nicoleta Craita Ten'o bekommt jetzt „so viel Liebe wie noch nie zuvor." Sie ist gerne eine deutsche Bürgerin und sie ist ein begeisterter Politik-Fan. Sie hütet ein Bild mit Widmung von Frau Merkel auf ihrem Wohnzimmertisch. Nicoleta Craita Ten'o war glücklich, im Jahr 2013 erstmalig den Bundestag mit wählen zu dürfen!

Gedicht der Autorin

Süße

Streu Zucker auf meinen Körper,
binde mich an den süßen Geschmack
der Dinge, die auf mich zukommen, lasse
mich auf deiner Zunge zergehen,
wie den Morgen danach …
Nenn mich Freude! Und mach Freude
mit mir, streu den Zucker
auf mich, und ich sorge dafür,
dass ich Süße mit dir teilen werde!
Streue Zucker aufs Bett,
aufs Kissen, aufs Runde der Münze
des Nachtlampenlichts, in unsere Spieluhr
den Dreh zu versüßen, beim Spielen
des „La vie en rose" und im Kreis
meiner Armen, du gebest den Dingen
den süßen Geschmack, sage ich oft,
und das stimmt.

12. Juli 2010

Männer sind nach Phyllis Chesler[40] genauso schwer gestört wie Frauen. Sie kommen aber eher damit durch, besonders wenn sie weiß, eher älter und eher reicher sind. Sie können sowohl normale als auch gestörte Bedürfnisse besser ausleben. Frauen werden zwar eher als krank beurteilt. In Krankenhäusern werden etwas weniger Männer mit männlichen Erkrankungen behandelt als Frauen mit weiblichen Erkrankungen. Männer in psychiatrischen Krankenhausabteilungen haben eher die Diagnosen Alkoholismus, Drogen-Abhängigkeit, Persönlichkeitsstörungen, soziopathische Störungen und Gehirnerkrankungen. Sie weisen auch häufig eher Sex-Abhängigkeit auf.

In den Zeitraum 1914-1945 fallen die zwei „Weltkriege" und der Holocaust. Sie gefährdeten die Gesundheit, das Leben massiv. Beim Ersten Weltkrieg handelte es sich um den ersten industrialisierten Massenkrieg der Geschichte. Laut dem Sanitätsbericht des Deutschen Heeres gab es im ersten Weltkrieg mehr als 300.000 nervenkranke deutsche Soldaten. Weltweit verloren 17 Millionen Soldaten im ersten Weltkrieg ihr Leben, 20 Millionen Soldaten wurden verletzt Das (Selbst-)Bild der starken preußischen Männer zerbrach. Der Zweite Weltkrieg kostete geschätzt circa 60 bis 65 Millionen Menschen durch direkte Kriegshandlungen das Leben.[41] Heimkehrer aus dem Zweiten Weltkrieg waren oft schwer gezeichnet. Oft wiesen Ältere, die beide Kriege erlebt hatten, später organische Schäden, grundsätzliche Labilität oder „vererbte" Belastungen auf. Eine „anlagebedingte" Ursache galt als sichere wissenschaftliche Erkenntnis, da diese Symptome einfach zu häufig auftraten.

Für Kriegsheimkehrer aus langer Gefangenschaft wurde die Diagnose „Dystrophie"
(„Fehlernährung") erfunden. Sie umfasste
Depressionen, Konzentrationsschwäche, un-
kontrollierbare Wutausbrüche sowie Verfolgungsängste. Im Jahre 1950 erfand F. Alexander
die außerhalb Deutschlands völlig unbekannte
Verlegenheitsdiagnose „vegetative Neurose".
Männer mit der Diagnose „vegetative Dystonie"
(heute: „Somatoforme Störungen") konnten in
den 1960er und 1970er Jahren zur Kur geschickt
werden.

Viele der nachfolgend dargestellten Männer-
leben sind durch die Weltkriege (mit-)geprägt. Es
war für keinen der Männer leicht, für sich einen
Weg zwischen den Anforderungen ihres Ge-
wissens, dem Sog der kriegerischen Umwelt und
der realen Bedrohung für Abweichler zu finden.
Wieder sind Künstler und Politiker unter den
Dargestellten.

Caravaggio – Dalle Stelle Alle Stalle – Von den Sternen in die Gosse

War Caravaggio „ver-rückt"?

Michelangelo Merisi da Caravaggio war ein italienischer Maler des Frühbarock. Er malte mehrheitlich übergroße religiöse Gemälde und Altarbilder in Rom und Neapel. Das Stillleben hat in die religiöse und historische Malerei eingeführt. Dadurch füllte er Lücken in den überlieferten Formen und Haltungen. Zudem fügte er dem „Realismus" der unbeschönigten Alltäglichkeit normaler Menschen hinzu, die Alltagskleidung trugen und zerfurchte Haut hatten. Oft arbeitete Caravaggio vom lebenden Modell. Seine weitreichendste Erneuerung für die Malerei war, dass er das Phänomen Licht nutzte, um Momente größter Bekehrung oder Ekstase mit Strahlen unklaren Ursprungs transparent zu umschließen.

Michelangelo Merisi da Caravaggio wurde im September 1571 als ältestes Kind des selbständigen Maurermeisters Fermo Merisi in Mailand/Milano geboren. Nach der Rückkehr nach Caravaggio mit fünf Jahren wurde er mit zehn Jahren Waise. In seinen frühen Jahren übte er sich – unüblich für die Zeit – im Malen vom lebenden Subjekt. Dies sollte sein weiteres Schaffen entscheidend formen. Im Jahr 1592 ging er nach Rom, wo er fünf Jahre später von dem einflussreichen Kardinal Francesco del Monte entdeckt wurde. Caravaggios Charakter war aufbrausend, leidenschaftlich und unkontrolliert. Das führte zu Anklagen wegen Prügelei, Steine werfen, ein Schwert ohne Lizenz tragen und Prozessen wegen Beleidigung und Mord. Die konstante Unruhe in Caravaggios Leben zeigte sich auch in der Subjektwahl seiner Bilder: Häufig fließt Blut. Daneben hatte er oft knabenhafte Modelle. Sowohl Homo- als auch Bisexualität werden daher bei ihm vermutet.

Im Mai 1606 musste Caravaggio nach der Ermordung seines ehemaligen Freundes Tomassoni als offiziell Geächteter aus Rom fliehen. Er begab sich über Neapel nach Malta. Dort strebte er die Ritterschaft im Maltesischen Orden von St. John an. Die Aufnahme in die Bruderschaft dieses Ordens bedeutete Schutz, zum anderen aber auch Nationalismus, Familienstolz und politische Rivalitäten. Die Statuten des Ordens verboten jedoch, dass geächtete Menschen Ritter werden konnten. Der damalige Großmeister von Malta, Alof von Wignacourt, war so begeistert von Caravaggio, dass er extra beim Papst eine Ausnahmebewilligung für Caravaggio einholte. Nach deren Eintreffen ernannte Wignacourt ihn im Juli 1608 zum Ritter.

Während seines Aufenthaltes in Malta malte Caravaggio sein großartigstes Werk, „The Beheading of St. John" (Die Enthauptung Johannes des Täufers). Er signierte dieses Bild als einziges in seiner Karriere, und zwar im Blutstrom, der aus der Schnittwunde des Johannes hervorquoll! Da er gerade eben Ritter geworden war, signierte er mit „Fra Michael Angelo" (Bruder Michael Angelo). Dies Gemälde ist ein Meisterwerk an künstlerischer Disziplin, welches Raumanordnung, Gestik und Handlung sehr kontrolliert zu einer großen Szene der Brutalität arrangiert. Das Bild wird heute das „Gemälde des Jahrhunderts" genannt.

Caravaggio hat jedoch die feierliche Enthüllung seines Werkes nicht miterlebt, denn sein alter, wilder Lebensstil zerbrach ihm die Schaffensruhe. Nur vier Wochen nach seinem Ritterschlag wurde er nach einem gewalttätigen Streit eingekerkert. Es gelang ihm jedoch, Anfang Oktober nach Sizilien zu entfliehen. Unklar bleibt, wie Caravaggio dies genau geschafft hat. Caravaggio wusste schon immer sehr intelligent andere Menschen für sich einzusetzen. Er hatte überall bedeutende, mächtige Kontakte, die er jeweils für sich zu nutzen wusste.

Caravaggios letzte Werke in Sirakuse, Sizilien, wurden von der Farbe her unglaublich intensiv, die Innensicht der gestenlosen Menschen dominierte. Im Jahr 1609 begab er sich wieder nach Neapel, von wo er sich im Sommer 1610 auf den Weg nach Rom machte. Jedoch auf dem Weg dorthin überfiel ihn ein so schweres Fieber, welches Michelangelo Merisi da Caravaggio am 18. Juli des Jahres das Leben kostete.

Neben seiner intelligenten Art der Beziehungspflege war Michelangelo Merisi da Caravaggio zu Genuss und zu intensivem Empfinden wohl recht gut in der Lage. Dies scheint jedoch hin und wieder „im Affekt" haltlos ins Überzogene umgekippt zu sein. Aber muss mensch deshalb gleich als „verrückt" angesehen werden? Beim „kleinen Bürger" galt Gewaltanwendung damals wohl eher schnell als „verrückt", obwohl die Zeit allgemein eher rau und Gewalt an der Tagesordnung war. Zudem mögen Caravaggios impulsive Handlungen neben seinem ungewöhnlichen bildnerischen Ausdruck als Steigerung seiner Exzessivität wahrgenommen worden sein.

Nicht alle Verrückten sind gleich gewalttätig, und wenn, dann ist diese Gewalt zumeist eher nach innen gerichtet. Jedoch jemanden zu töten, was auch Michelangelo Merisi da Caravaggio tat, ist schon in jedem Falle eine drastische Form der Gewalttätigkeit. Auch sogenannte „Normale" können sehr gewalttätig sein.

Porträt Caravaggio – Posthum von Ottavio Leoni, um 1614

Jürgen Heinrich Keberle, genannt Heini Holtenbeen – ein wunderlich-trauriges Leben

Einer der bekanntesten Bewohner des Bremer Schnoor-Viertels war Jürgen Heinrich Keberle, der Sohn eines Schuhmachers aus Böhmen. Jürgen Heinrich Keberle wurde im April 1835 geboren. In seiner Krankenakte findet sich die Bemerkung: „Meint er sei wohl vom Himmel gefallen". Nach nur kurzem Schulbesuch begann Keberle eine Lehre zum Tabakküper, das heißt zum Fachmann für sachgemäße Beurteilung und Kontrolle der Waren und Einlagerung der Seegüter in den Speichern. Dabei fiel er im Jahre 1852 im Alter von 17 Jahren durch eine Luke. Er behielt vermutlich einen leichten Hirnschaden zurück sowie ein lahmes Bein – daher sein Spitzname „Holtenbeen", obwohl er nie eines hatte. In den Jahren 1864 und 1877 starben die Eltern. Holtenbeens Adresse war Schnoor Nr. 8. Er bekam Mittagessen im nahe gelegenen Künstlerhaus. Holtenbeen schlug sich am Rande des Existenzminimums durch. Er zog mit einem Handwagen durch Bremen, ging in Büros und erzählte Witze und schlagfertige, plattdeutsche Sprüche. Häufig war er mit abgewetztem Mantel, zerbeulter Melone und Stock in der Altstadt zu sehen. Zum Beispiel war er täglich gegen 12 Uhr vor der Neuen Börse am Marktplatz anzutreffen, wo er den Kaufherren angerauchte Zigarren abnahm – es herrschte Rauchverbot in der Börse. Holtenbeen war als „Glücksbringer von der Börse" beliebt, wenn er den fallen gelassenen Zigarrenstummel einer Person aufhob. Zigarren behielt er. Aus Zigarettenstummeln machte er Pfeifentabak, den er weiterverkaufte. Selten bat Holtenbeen Passantinnen um einen halben Groschen, und wenn er es tat, bestand er auf Rückzahlung. Holtenbeen hielt viel auf sich und auf seine Würde.

Im Jahre 1899 wurde Holtenbeen im Alter von 64 Jahren in ein Armenhaus eingewiesen, in dem er jedoch nur ein Jahr lebte. Anschließend wohnte Holtenbeen in einer Dachkammer im Stephaniviertel, den der westlichen Altstadt im Bremer Stadtteil Mitte.

Im Jahr 1907 wurde Holtenbeen aufgrund wunderlichen und skurrilen
Verhaltens mit 72 Jahren nach „Ellen" gebracht. Dort verlebte er seine letzten eindreiviertel Lebensjahre. Während dieser Zeit erhielt er kein einziges
Mal Besuch. Obwohl bereits zu Lebzeiten eine Legende, war Holtenbeen
den Ärztinnen in „Ellen" nicht bekannt. In seiner Krankenakte ist er als
einsamer, gebrechlicher Mann erkennbar, zum Beispiel beschrieben in
einer Formulierung wie „vollkommen hülflos". Da Holtenbeen in jüngeren

Jahren Alkoholproble-
me gehabt hatte, fand
sich auch die Diagnose
„Alkoholismus" in der
Akte. Nach Meinung
der Ärzte war Holten-
been auch „dement".
Da die Psychiatrie sich
als Heilanstalt begriff,
wurde er abgeschoben,
denn Demenz galt
seinerzeit als nicht heilbar. Holtenbeen kam in
die Familienlandpflege
in Rockwinkel. Dort
musste er bis zu seinem

Heike Oldenburg mit Heini Holtenbeen, Bremen

Ende in einer fremden Familie leben und mitarbeiten. Während dieser Zeit
sind drei Krankheitsaufenthalte im St. Jürgen Asyl nachweisbar. Der nur
1.53 m große Holtenbeen magerte von 49 auf 36 Kilo ab. Jürgen Heinrich
Keberle starb in hohem Alter als ein sehr kranker Mann im September
1909. Bei der Autopsie fand mensch: Schrumpfnieren, eine Schrumpfleber,
hochgradige Arteriosklerose, eine Thrombose der Aorta, Bronchitis und
ein Lungen-Ödem.

Seit 1990 gibt es ein Bronzedenkmal für Heini Holtenbeen im Schnoor.

Daniel Paul Schreber – Bewundernswerte Denkwürdigkeiten eines Nervenkranken

Daniel Paul Schreber, Sohn des Schrebergarten-Erfinders, wurde in seiner Karriere durch einen religiösen paranoiden Wahn behindert. Trotz einer Nervenkrankheit im Oktober 1884 arbeitete er noch sieben weitere Jahre als Landesgerichtsdirektor in Leipzig und wurde im Jahr 1893 zum Senatspräsidenten im Oberlandesgericht in Dresden befördert. Dieser Schritt führte zu einer schweren Dauerkrise.

Die erste „Königlich Sächsische Heil- und Verpflegungsanstalt Sonnenstein" (von ihm „Teufelsschloss" genannt) wurde schon im Jahr 1811 eröffnet und hatte einen sehr guten Ruf. Im Zeitraum von 1894–1902 wurde es Schrebers Aufenthaltsort. Es gab getrennte Spaziergärten und Höfe für Männer und Frauen. Je nach Finanzkraft der Patientinnen gab es drei Kategorien der Unterbringung, jedoch die Behandlung war für alle gleich. Der ungewöhnliche Ansatz war die Patientinnen human möglichst ohne Zwang, Bestrafung und Isolation zu behandeln und zu beschäftigen. Dem damaligen Direktor Guido Weber lag die Wiedereingliederung seiner Patientinnen sehr am Herzen. Mit seiner Hilfe gelang es Schreber seine Entmündigung gerichtlich zu bekämpfen und im Jahre 1902 die Aufhebung zu erwirken.

Empfinden – Nachdenken – Schreiben

Anhand von Tagebuchnotizen schrieb Schreber von Februar 1900 an seine „Denkwürdigkeiten eines Nervenkranken" nieder. Das im Jahre 1903 erschienene Buch stellt in sehr differenzierter Weise das Erleben eines paranoiden Psychotikers dar. Schreber bot sich „als ein wissenschaftliches Beobachtungsobjekt"[42] an, wenn auch nur aus der Not des eben nun einmal Besonders-Seins heraus. Die Gedankenwelt des Autoren ist sehr umfassend – immerhin ist das Buch 260 Seiten dick und es war sowohl für Siegmund Freud, den Begründer der Psychoanalyse, als auch für Elias Canetti, Schriftsteller, Formulierer deutscher Aphorismen, von großer Bedeutung.

Schreber litt sehr stark. Faszinierend ist die Beschreibung der sich durchziehenden Bedrohung und Fremdbestimmtheit durch selbst auferlegte Bewegungsunfähigkeit, durch aufgezwungene Gedanken, durch Angst vor Verweiblichung. Einmal rechnete er fest damit, dass sein Gemächt nun „endgültig nach innen eingezogen" würde. Er sollte zu „Miss Schreber" werden. Es gab in Schrebers Gedankenwelt zwei Gottesreiche, verbunden durch Verstandesnerven, die er eine Art „Willensorgane" nannte. Daneben gab es „Gesichts-, Gehörs-, Tast- und Wolllustnerven" zur Aufnahme sinnlicher Eindrücke. Letztere führten zur Seelenwolllust. Die Seelen „kennen nun (…) keine Sorge für die Zukunft, sondern lassen sich am jeweiligen Genusse genügen". Auf der einen Seite gab es „alltäglich (…) Zeiträume, in denen ich sozusagen in Wolllust schwimme, d.h. ein unbeschreibliches, der weiblichen Wolllustempfindung entsprechendes Wohlbefinden meinen ganzen Körper durchströmt." Schreber entschuldigte sich einmal für das Ausmaß dieser wollüstigen Empfindungen in ihm, die seien eben da. Tja, Pech gehabt? Oder wie nun …

Grenzüberschreitende Angstgedanken waren zum Beispiel: Schreber „sollte durch angespannte Nerven an irgendwelchen entfernten Weltkörpern angebunden werden". Auch sah er die körperliche Vermischung mit den Pflegerinnen deutlich vor sich: „Zwei der Pfleger setzten seiner Vorstellung nach Teile ihrer Leiber als faulige Masse in seinem Körper ab." Schreber hatte auch Angst, dass „in seine Nerven hineingeredet worden" würde (die Strahlen sprechen) und befürchtete: „wenn nur meine Kniescheibe nicht verwundert würde." Das „Ver-" oder auch „Anwundern" taucht als Vokabel oft auf und scheint ein Synonym für Verletzung oder schmerzliche Veränderung zu sein. Schrebers angstlösender Genuss in der Anstalt im Alltag waren Klavierspielen, Schachspielen und Lesen.
Der ganze Text ist durchdrungen von „etwas Selbstlob" bzw. von männlich-selbstherrlicher Selbstwahrnehmung. Der Herr Paranoiker ist und bleibt ein Mann. In gewissem Sinne hielt er sich für „den Maßstab". Es sollten Menschen nach seinem Beispiel geschaffen werden: „Jene >neuen Menschen aus Schreber´schem Geiste< – körperlich von sehr viel kleinerem Schlag als unsere irdischen Menschen (…) ich selbst sollte ihnen als ihr >Nationalheiliger< sozusagen ein Gegenstand göttlicher Verehrung geworden sein."

Erholung und Selbstheilung

Im Nachtrag aus dem Jahr 1902 schrieb Schreber über weitere „Wunder und Stimmengerede" in ihm: „ein >Warum sch… Sie denn nicht?< gesprochen >W-a-a-a-r-r-u-m-sch-ei-ei-ei-ß-e-e-n Sie d-e-e-e-e-n-n n-i-i-i-icht?< beansprucht jedes Mal vielleicht 30 bis 60 Sekunden, ehe es vollständig herauskommt." Schreber schien aber mit der Zeit seine Zustände mit Denken bändigen zu können: „Die Brüllzustände sind zwar noch nicht ganz verschwunden, treten jedoch nicht unwesentlich gemäßigter auf, hauptsächlich, weil ich mehr und mehr gelernt habe, (…) [ihnen] wirksam zu begegnen." Dazu sagte er Gedichte auf oder zählte anhaltend. Er hatte seinen Heilungsprozess sozusagen selbst durch seine eigenen Denkmethoden, durch Bewusstheit „in der Hand". Ein Symphonion und Spieluhren „[übertäubten] das schwer erträgliche Stimmengeschwätz" – auch dies ein Hilfsmittel im Umgang mit den eigenen Ängsten. Allerdings ein durchaus teures, welches er sich als Senatspräsident i. R. leisten konnte. Schreber beschrieb „Eingriffe in die Freiheit des menschlichen Denkens" durch den Denkzwang als „maßlose Verletzung der ursprünglichsten Menschenrechte".

In den Jahren 1902 bis 1907 lebte Schreber zu Hause, musste sich dann aber wieder in Behandlung in Leipzig-Dösen begeben. Dort starb Daniel Paul Schreber im Jahr 1911.

Heute befindet sich in dem Gebäude C 16 eine Gedenkstätte. Während der Jahre 1940/41 wurden im Keller 13.720 Behinderte und 1.031 andere Opfer vergast. Auf dem Weg dorthin geht es durch grünes Gelände mit vielen alten kleinen Bauten, einige mit Ausbildungsstätte, Arztpraxis und anderen Betrieben darin. Zwischen den Häusern ist gemütlich viel Abstand, wo sich die Patientinnen damals sicherlich gut die Beine vertreten konnten. Direkt gegenüber betreibt eine Wohltätigkeitsorganisation eine „Anerkannte Werkstatt für Behinderte".

Sehr sinnig …

*„Die Zukunft gehört denen, die an die
Schönheit ihrer Träume glauben."*

Eleanor Roosevelt, 1884–1962

In „Mein Leben und Streben – Selbstbiographie" stellt Karl May sein
Leben dar (Originaltext von 1910, S. 1-320). Dieser Teil wurde durch einen
ganz besonders ausführlichen Fußnotenteil (S. 321-498) und ein Nachwort
(S. 499-540) ergänzt. Die Selbstbiographie von Karl May war relativ für
mich schwer zu lesen. Zum Großteil fühlte ich mich in dem triefendem
Selbstmitleid Mays fast ertränkt. Die Neupublikation war von Heiner Plaul
im Jahr 1982. Die Fußnoten waren in ihrer umfassenden Gründlichkeit
der Recherche am spannendsten. Diese ist wohl der guten Zuarbeit durch
Plauls Ehefrau zu verdanken.

Da ich mich für Literatur sowie für Zwangsverhältnissen (hier: Gefängnis, Zuchthaus und Psychiatrie-Theorie), für Persönlichkeiten und ihre je
eigenen Entwicklungsgeschichte interessiere, war dieses Buch für mich
hochgradig spannend. Hier hat ein Jurist aus dem Vorstand der Karl-May-
Gesellschaft zudem ein Buch über Mays zwanghaftes Schreiben als erfolgreiche Selbstheilung verfasst – Poesietherapie in autonomem, frühem
Selbstversuch sozusagen.

Das Leben in groben Zügen

Karl May wurde im Jahr 1842 in Ernstthal/Sachsen geboren. Damals wurden Kinder kurz nach der Geburt mit oft verseuchtem Taufwasser getauft –
falls sie früh sterben, dass sie auf dem Kirchfriedhof begraben werden
durften. Dabei sind nicht wenige erblindet. May war von ein-paar-Tage-alt
bis circa fünf Jahre blind. Befreundete Ärzte der Mutter – sie war Hebam-
me – haben dem Kind das Augenlicht wieder gegeben. May hatte eine Oma,
die den Kindern mit dem Herzen sehr viele Geschichten und Märchen
erzählte. Während der Blindheit muss dies für May eine außerordentlich wichtige Kindheitserfahrung gewesen sein. Die schwerere Erfahrung
seiner Jugend: sein Vater (Weber) trieb ihn sehr stark zum Lernen mit dem

Wunsch an, dass er einmal etwas Besseres werden solle. In den beiden grö-
ßeren Privatbibliotheken im Dorf verschaffte May sich gute Grundlagen,
unter anderem die genauen geographischen Kenntnisse für seine später
so berühmten Reiseromane. Mit neun Jahren will er schon das Berufsziel
Schriftsteller gehabt haben.

Nach der Schule wurde May zuerst Lehrer. Wegen eines kleinen Dieb-
stahls wurde er vom Lehrbetrieb dispensiert. Er versuchte sein Glück mit
vielen kleinen Jobs, als Musiklehrer unter anderem. Nebenbei erlaubte
May sich kleine, eher aberwitzige kleinkriminelle Aktionen, die ihn zweimal ins Zuchthaus brachten. Diese Aufenthalte nutzte er als Lernmög-
lichkeit. Beim zweiten Aufenthalt entschied May sich endgültig für den
Schriftstellerberuf. Bereits im Gefängnis entwarf er Titel und Handlungs-
stränge für einige Bücher.

Ab dem 32. Lebensjahr im Jahr 1874 schrieb May nur noch brav, das heißt
er lebte ohne Anecken. Im Zeitraum von 1878 bis 1900 wuchs seine Popu-
larität beständig. Ab 1900 hatte er jedoch ein Jahrzehnt lang mit Presse-
angriffen und Prozessen gerichtlich schwer zu tun. Der Vorwurf war unter
anderem, dass er wohl psychisch krank sei – mit Bezug auf die frühen
„Gaunereien". Es wurde sogar im Jahr 1891 nur für ihn (welche Ehre…!?)
von Anton Delbrück die Diagnose „Pseudologia Phantastica" erfunden!
Das bedeutete, dass der Phantasierende das Erdachte als wahre Erlebnisse
erzählt und wohl auch empfindet.

Der hochgebildete May hatte in seiner Bibliothek das seinerzeit verbreitete Lehrbuch zur Psychiatrie von Wilhelm Griesinger. Da die Psychiatrie
erst noch im Entstehen begriffen war, waren die Beschreibungen der Zustände noch nicht verfachsprachlicht. In seiner Selbstbiographie versuchte
May, den Vorwurf zu widerlegen, er sei geistig krank. Hingegen sei er nur
seelisch krank. Dabei hat er die sehr guten Beschreibungen dieser Zustände bei Griesinger verarbeitet. Er war klug genug, diese nicht wörtlich zu
übernehmen.

In dem Zeitraum um 1899/1900 bereiste Karl May den Orient. „Während
der fast anderthalbjährigen Reise führte Karl May ein Reisetagebuch, das
nur in Bruchstücken und Teilabschriften erhalten ist. Durch Mays zweite
Frau, Klara (verw. Plöhn) wurde überliefert, dass Karl May während der
Reise zweimal einen Nervenzusammenbruch erlitten habe („… befürch-
teten, ihn einer Irrenanstalt zuführen zu müssen.") Der Zustand soll beide

Male etwa eine Woche angehalten haben und war „dem Einbrechen einer grellen Realität in seine [Mays] Traumwelt"[43] zuzuschreiben. May überwand die Krise ohne die Hilfe eines Arztes.

Karl May hat getrieben geschrieben. Er hat sich selbst über seine autonomen Schreib-Lernschritte therapiert, was er auch selbst erkannte. Er war insofern seiner Zeit voraus. „Schreib- und Bibliotherapie" ist heute populär. Ein Studium „Magister Artium für biographisches und kreatives Schreiben" ist seit 2005 auch in Deutschland in Berlin-Hellersdorf möglich.

Noch in einem anderen Punkt war Karl May seiner Zeit voraus. Die Selbstvermarktung, die ihm zum Teil so stark vorgeworfen wurde – heutzutage ist sie normal und gehört zum Geschäft für viele Selbstständige dazu. Sehr schädlich für ihn war, als zwei Schüler in Freiburg im Breisgau die Lektüre von Mays Werken als Inspiration für eine Gewalttat angaben. Daraufhin wurden seine Bücher aus mehreren Bibliotheken zurückgezogen.

Ausbildung „Master Biografisches und Kreatives Schreiben":
Alice Salomon Hochschule Berlin, Alice-Salomon-Platz 5, 12627 Berlin,
Tel.: 030-99245-0, www.asfh-berlin.de

Friedrich Nietzsche – "Ich bin kein Mensch, ich bin Dynamit!"

„Weh spricht: Vergeh!
Doch alle Lust will Ewigkeit
will tiefe, tiefe Ewigkeit!"

F. Nietzsche

Friedrich Wilhelm Nietzsche schuf seine Philosophie des Lebens und seine Musik zur Zeit der Gründung des Deutschen Reiches in einem politisch euphorischen Umfeld. Sein brillanter Stil ist noch heute weltweit beliebt. Viele Denkrichtungen schätzen ihn, Feministinnen zum Beispiel aufgrund der Schrift „Befreit das Weib!" Für viele moderne Künstlerinnen bleibt er eine große Inspirationsquelle.

Friedrich Nietzsche kam im Jahre 1844 in einem lutherischen Pastorinnenhaushalt in Röcken/Lützen, Sachsen-Anhalt, zur Welt. Sein jüngerer Bruder starb im Jahr 1848, der Vater starb ein Jahr später. Mit Mutter, Schwester Elisabeth, der Großmutter, zwei unverheirateten Tanten und dem Dienstmädchen lebte Nietzsche ab dem Umzug im Jahr 1850 in Naumburg im sogenannten „Naumburger Frauenhaushalt". Er entfernte sich innerlich früh von der christlichen Welt der Familie und blieb sein Leben lang einsam.

Eigene Identität

Schon als Kind war Nietzsche von Musik begeistert. O-Ton: „Ohne Musik wäre das Leben ein Irrtum." Mit zehn Jahren verfasste Nietzsche eigene Musikstücke. Er nannte sich „Musiker", das war seine gefühlte Identität. Jedes Schaffen sei Ausdruck der eigenen Existenz. Die zentrale Mitteilung in seinem Weihnachtsoratorium (1860/61) war, dass Schmerz der Grundton der Natur sei. Insgesamt früh erkennbar war eine große Nähe zu Schmerzen und Beeinträchtigungen. Schon als Schüler hatte Nietzsche wegen extremer Kurzsichtigkeit und großer Lichtempfindlichkeit häufig starke Kopf- und Augenschmerzen. Er brauchte eine Brille mit -6 Dioptrien, blaue Brillengläser und eine Leselupe. Zu Schmerz entwickelte Nietzsche später ein modernes, dynamisches Konzept – ungewöhnlich für die Zeit. Gesundheit sei ein Kontinuum, welches jeden Tag neu entstehe.[44] Dass er in seinem Konzept das Leibliche mitdachte, war seiner Zeit ebenfalls weit voraus.

Schon im Domgymnasium zu Naumburg galt Nietzsche als komischer Kauz. Dabei war der Querdenker eigentlich eher humorvoll. Ab dem Wintersemester 1864/65 studierte Nietzsche Philologie und Theologie in Bonn und Leipzig. Es gibt Gerüchte, dass er sich in Leipzig eine Syphilis-Erkrankung zugezogen habe – daher der spätere Verfall? Jeweils kurze Zeiten beim Militär und als Sanitäter folgten.

Beruflich war Nietzsche ein Senkrechtstarter. Er wurde schon mit 24 Jahren ab dem Jahr 1869 „Außerordentlicher Professor der Classischen Philologie" in Basel. In den folgenden zehn Jahren schrieb er die meisten seiner Bücher. Im Jahre 1879 musste Nietzsche sich wegen heftiger Migräneanfälle und starker Schwindelattacken früh pensionieren lassen. Er lebte weitere zehn Jahre als freier Philosoph abwechselnd in Italien und in der Schweiz.

Nietzsche schrieb sich seit dem Jahr 1868 als Doktor seine Medikamenten-Rezepte selbst. Bei Selbstversuchen kam es fast zu Vergiftungen. Er nahm Opium, Morphium, Brechnuss, Tollkirsche und Schüßler-Salze. Des weiteren probierte er mehrere Therapien und Wasserkuren aus. Nichts half ihm, besser zu sehen. Zitat: „Ich kann nicht lesen, die Worte werden zu Klumpen." Dies muss für einen so schriftnah lebenden Menschen wie Nietzsche sehr schlimm gewesen sein.

Ausnutzung von Schwäche

Ab dem Jahr 1889 geriet Nietzsche mit beginnendem Erfolg seiner Bücher in eine euphorische, größenwahnsinnige Phase. Er wurde so außerordentlich sensibel, dass er in Turin ein Pferd umarmte, welches vom Kutscher geschlagen wurde. Ein Freund brachte ihn daraufhin in die Psychiatrie in Basel. Mit der Diagnose „Progressive Paralyse" wurde Nietzsche in die Irren-, Heil- und Pflegeanstalt in Jena überführt. Er wurde entmündigt und zunehmend in seinem Dasein fremdbestimmt. Seine Krankenakte ist – wie heute noch normal – mit kleinen Befindlichkeiten des Alltags gespickt.

Ab dem Jahr 1890 wurde Nietzsche von seiner Mutter und später der Schwester Elisabeth Förster-Nietzsche[45] zu Hause in Naumburg versorgt. Im Jahr 1894 gründete seine Schwester ein Archiv und schrieb seine Bücher zum Teil nach eigenen Vorstellungen um. Nach dem Tode der Mutter drei

Jahre später zog Förster-Nietzsche mit ihrem Bruder in eine Villa in Weimar und wurde die alleinige Nachlassverwalterin des zunehmend umnachteten Bruders.

Nietzsche wurde in den letzten Lebensjahren regelrecht vorgeführt: Vor Besucherinnen wurde der Vorhang dann einmal kurz geöffnet. Ein sehr eindrucksvolles Bild davon vermittelt die vier Minuten lange Filminstallation „Elisabeths Wille" der Künstlerin Sabine Schindewahn (2000)[46]. Nach mehreren Schlaganfällen konnte Nietzsche sich nicht mehr wehren. Im Jahr 1900 starb Friedrich Nietzsche. Schon damals konnten im Archiv in Weimar Souvenirs wie Schnauzbart-Bürsten erstanden werden. Im Jahr 1910 ließ die Schwester eine korrigierte Version von Nietzsches Totenmaske in Gips nachbauen, da die echte nach Schlaganfällen unsymmetrische Gesichtsformen zeigte. Hitler würde später den Nietzsche-Kult zur Staatsangelegenheit erheben. Hier haben wir einen traurigen Fall von Missbrauch in der Familie, der durch die Ausbeutung im Nationalsozialismus noch eine besondere politische Dimension erreichte.

Aus dieser Barttasse trank Nietzsche Kaffee

Heinrich Vogeler – ein politisch aktives, pazifistisches Multitalent

Johann Heinrich Vogeler, geboren im Dezember 1872 in Bremen, war ein Multitalent. Er war Maler, Grafiker, Architekt, Designer, Pädagoge, Schriftsteller, Kommunist, Revolutionär, Pazifist, Utopist und Christ. Er wuchs als Sohn eines Eisenwarengroßhändlers in gutbürgerlichen Verhältnissen mit sechs Geschwistern auf. Nach der mittleren Reife studierte Vogeler im Zeitraum von 1890–1894/95 Kunst. Im Jahre 1894 schloss sich Vogeler der Künstlerkolonie Worpswede an. Die Malergruppe wurde durch gemeinsame Ausstellungen in den Jahren 1895/96 weithin bekannt. Die Dorflehrerstocher Martha, die ihm öfters als Modell saß, und er heirateten im Jahr 1901. Vogeler wurde besonders durch seine Jugendstilwerke bekannt. Er bekam im Jahr 1906 den 1. Preis in der Dresdener Deutschen Kunstgewerbeausstellung für sein „Zimmer einer jungen Frau". Die Kombination von Elementen des Biedermeierstils und geometrischen Formen des Jugendstils waren typisch für Vogeler. Der „Träumer" und „Märchenprinz" gingen später verloren. Ab dem Jahr 1918 wandte Vogeler gekonnt expressionistische, kubistische und futuristische Elemente in sogenannten Komplexbildern an. Zeitlebens hat er seine Kunst als „ganzheitlichen Ausdrucks- und Wirkungszusammenhang" verstanden.

Vogeler meldete sich 1914 freiwillig an die Front. Er wurde als Nachrichtenoffizier in den Karpaten eingesetzt um Karten und Zeichnungen vom Kriegsgebiet herzustellen. In den dreieinhalb Jahren im Feld entwickelte Vogeler sich zum Pazifisten. Die Wahrnehmung der kriegerischen Wirklichkeit war für ihn kaum zu verarbeiten. Am 20. Januar 1918 schrieb er seinen Friedensappell „Das Märchen vom lieben Gott" an Kaiser Wilhelm II.:

Schon lang, als das Jahr 1917 dem Ende zuging, sah man in Deutschland überall die seltsamsten Erscheinungen am Himmel und unter den Menschen. Das Merkwürdige aber war, dass am Spätnachmittag des 24. Dezember auf dem Potsdamer Platz von vielen Menschen der liebe Gott gesehen worden ist. Ein alter trauriger Mann verteilte Flugblätter. Oben stand: Friede auf Erden und den Menschen ein Wohlgefallen, und darunter in lapidarer Schrift die zehn Gebote. Der Mann wurde von den Schutzleuten aufgegriffen, vom Oberkommando der Marken wegen Landesverrat standrechtlich erschossen. Einige Aufnehmer des Flugblattes, die die Worte des alten Mannes verteidigten, kamen ins Irrenhaus.

Gott war tot. (…) [Gott lebt ja doch.] Gott aber ging zum Kaiser: Du bist Sklave des Scheins. Werde Herr des Lichtes, indem du der Wahrheit dienst und die Lüge erkennst. Vernichte die Grenzen, sei der Menschheit Führer. Erkenne die Eitelkeit des Wirkens. Sei Friedensfürst, setze an die Stelle des Wortes die Tat, Demut an die Stelle der Siegereitelkeit, Wahrheit anstatt Lüge, Aufbau anstatt Zerstörung. In die Knie vor der Liebe Gottes, sei Erlöser, habe die Kraft des Dienens Kaiser!

Drei Tage später schickte Vogeler einen Brief desselben Inhaltes, jedoch in klaren Worten, an Ludendorff und Hindenburg. Dieser Schritt sollte für ihn einen Einschnitt im bisherigen Leben bedeuten. Zwei Tage später wurde Vogeler von zwei Heeresmitgliedern abgeholt. Der empörte Ludendorff hatte nur mit viel Mühe von der sofortigen Erschießung des Briefschreibers als Landesverräter abgebracht werden können. Der sehr bekannte Künstler wurde in die psychiatrische Beobachtungsabteilung in der St. Jürgen Str. eingewiesen[47]. Er hatte dies mehr befürchtet als den Tod („Ihr werdet mich töten, meinen Körper vernichten, aber nur ihn; (…) wo ich falle, erlöst, frei werde von diesem Berg, von dieser Last der Lüge lebt meine Seele"). Er blieb 29 Tage und fügte sich gut ein. 20 Jahre später schrieb er in seinen Lebenserinnerungen: „In einer Beobachtungsabteilung für ‚Geisteskranke' ist es ein befreiendes Gefühl, daß man nun endlich immer sagen kann, was man denkt; wenngleich die Auswirkung, selbst bei vernünftigen Gedankengängen, bei den Ärzten nur ein duldsames Lächeln ist." Auf eine irritierende Radierung hin sagte ein Arzt: „Sie dürfen hier derartige Sachen nicht machen, Sie sind hier, um sich zu zerstreuen."

Vogeler hatte ein zweites Mal Glück: Da er als erfolgreicher Künstler in der Bremer Oberschicht beliebt war und auch der Gutachter Geheimrat Stoevesandt aus dieser Schicht kam, wurde er mit Wohlwollen begutachtet. Die Formulierungen im Gutachten entblößen einen anderen Vogeler als den „Märchenprinz": Nach schwerer Schulzeit wechselten zeitweilig depressive Phasen mit Schlafstörungen, Herzklopfen, Appetitlosigkeit und zeitweise viel Alkoholkonsum, dann wieder positive Phasen mit guter Schaffenskraft. Aufgrund früherer Kunstwerke, zum Beispiel der „eigentümlich märchenhaften" Jugendstilbilder wurde Vogeler als „Neuropath" bezeichnet. Die Bilder seien Folge „manisch-depressiven Irreseins". Es sei „ein gewisser Zustand der Verwirrtheit" entstanden. „Er ist unter diesen Umständen für seine Handlungen in keiner Weise verantwortlich zu machen. Er ist aber nicht gemeingefährlich, (…) ist aber dauernd wegen seiner geistigen Störung kr. u. [= kriegsuntauglich] und wird nur in seinen Berufe im stillen Worpswede wieder genesen. Wir stellen ihm daher das Dienstunbrauchbarkeitszeugnis aus." Vogeler wurde „sozusagen ein staatlich geprüfter Geisteskranker", als solcher entlassen und bis zum Kriegsende unter häusliche Polizeibeobachtung gestellt.

Anschließend entwickelte Vogeler ein starkes soziales Engagement. Er gründete im Jahr 1919 – ein Jahr vor dem Auszug Marthas mit den drei Töchtern – eine Kommune und Arbeiterschule im Barkenhoff. Arbeiterkinder sollten sich auf dem Barkenhoff in antiautoritärer Atmosphäre einige Wochen lang erholen können. Vogeler entwickelte dazu pädagogische Erziehungspläne. Trotz 10.000 Besucherinnen im Jahr und gutem Einvernehmen der zehn bis 15 Mitarbeiterinnen hielt sich das Projekt nur durch Förderung des Mäzens Roselius. Im Zeitraum von 1923–1932 wurde der Barkenhoff als Kinderheim der Roten Hilfe, einem Verein zur Unterstützung linker/ kommunistischer Aktivitäten, weitergeführt.

Vogeler unternahm einige Reisen in die Sowjetunion. Im Jahr 1926 heiratete er nach der Scheidung die 25 Jahre jüngere Sonja Marchlewska. Er kannte sie bereits vom Barkenhoff. Der gemeinsame Sohn hieß Jan Jürgen. Bereits im Jahr 1927 prägten gesundheitliche wie finanzielle Probleme das Leben Vogelers. Ab dem Jahr 1931 lebte er dauerhaft in der Sowjetunion und begann mit intensiver antifaschistischer Arbeit. Zuerst war Vogeler in der Sowjetunion geachtet und erfolgreich. Er verdrehte seinen „Märchen"-Brief in eine Art frühen kommunistischen Akt, um für sich Rentenansprüche in Anspruch nehmen zu können. Ab Mai 1939 erhielt Vogeler 200 Rubel monatlich.

Vogeler wurde im Jahre 1941 zu seinem Schutz vor den auf Moskau anrückenden Nationalsozialisten in ein Gebiet mit sehr harten Lebensbedingungen evakuiert (heutiges Kasachstan). Durch Bürokratismus erreichte ihn seine Rente nicht rechtzeitig. Er konnte seiner Gastfamilie das vereinbarte Monatsgeld nicht auszahlen. Diese stellte ab April 1942 keine Nahrung mehr zur Verfügung. Eine Geldsammlung aus Künstlerinnenkreisen in Moskau erreichte ihn knapp. Vogeler verhungerte fast, denn er arbeitete weiterhin schwer. Im Juni 1942 starb Heinrich Vogeler im Krankenhaus des Kolchos Budjonny an körperlicher Schwäche. Sein Grab ist unbekannt.

Heinrich Vogler, 1924

Die Deutsche UNESCO-Kommission bewertete im Jahr 2013 seinen Schritt, die beiden Briefe an Kaiser Wilhelm und an Ludendorff abzusenden, als „kühnes Friedensvorhaben", als einen Schritt, der auch heute noch „Generationen beeindruckt". In meinen Augen könnte es eher auch eine riskante, selbstgefährdende Tat eines am Leben verzweifelten Menschen. Im Jahr 1922 sagte der befreundete Maler Koenemann, Vogeler sei „ein bis auf den heutigen Tag einsam Gebliebener" und „bis ins innerste Familienleben hinein … Unverstandener". Vogeler selbst beschrieb es im Jahr 1925 so: „Kein Ausweg (…) Vielleicht letzte Romantik, vielleicht Todessehnsucht führte mich (…) mit 42 Jahren in den Krieg".

Er wirkt auf Bildern für mich durchgehend ernst bis melancholisch. Ich fühle mich Vogelers Wesensart innerlich sehr nahe.

Erich Maria Remarque – gebürtig in Osnabrück in Niedersachsen

„Die letzten Wochen dieses Jahres haben mich zusammengeschlagen und durchgeglüht. Ich wollte, nachdem im Herbst die Kraft in meine Gelenke zurückgekehrt war, hier, in der völligen Einsamkeit, ohne jeden Menschen, die Probe aufs Erz machen, ich wollte mich mir selbst gegenüberstellen, (…). Ich wollte jedes Gelenk auf seine Sprungfähigkeit kontrollieren und ihm die Härte und Geschmeidigkeit geben, die es braucht. Ich wollte nichts mehr dem Zufall überlassen, – ich wollte mein eigener Zu-Fall sein. --- Das habe ich getan. Ich habe mich nicht geschont. Es war eine Generalrevision. Sie war leicht und schwer. Leicht, weil überall unter dem, was abgestorben war, schon das Neue wuchs; schwer, weil ich allein war und nicht allein sein wollte." (Brief 1938/9 E. M. Remarque an Marlene Dietrich)

Erich Maria Remarque wurde im Jahr 1898 als zweites von vier Kindern als Erich Remark mit französischen Wurzeln geboren. Es erfolgten in seinen ersten Lebensjahren zahlreiche Umzüge. Der ältere Bruder starb früh. Mehrere katholische Erziehungsstationen, darunter das Katholische Königliche Schullehrer-Seminar, haben ihm sehr zugesetzt. Remarque trat später zusammen mit seiner ersten Ehefrau aus der Kirche aus. In den Jahren 1916/17 musste Remarque in den Krieg. Die Kriegserfahrungen zerrissen ihn innerlich stark. Nach dem Krieg arbeitete Remarque anfänglich kurz als Lehrer. Nach Episoden als Kaufmännischer Angestellter, Buchhalter, Grabsteinverkäufer, Klavierlehrer und Organist wechselte er erfolgreich zum Journalismus. Ab dem Jahr 1921 sind die Verwendung des Künstlernamens Remarque und des Zwischennamens Maria belegt. Lange schrieb er für „Sport im Bild".

Insgesamt zehn Jahre „kaute" Remarque an den Kriegserfahrungen, bis diese „verdaut", in Worte gegossen und druckreif waren. Sie erschienen im Jahr 1928 als Fortsetzungsroman, dann im darauffolgenden Februar als Buch mit dem Titel „Im Westen nichts Neues". Darin sind die Schrecken des Krieges aus der Sicht eines jungen Soldaten geschildert. Der Roman zeigte weltweit Wirkung. Er wurde zeitnah in 26 Sprachen und bis heute in über fünfzig Sprachen übersetzt. Kein deutscher Originaltext ist weltweit so häufig verkauft worden (im Jahr 2007 geschätzt über 20 Millionen[48]). Viel Widerspruch war ablesbar in bezugnehmenden Buchtiteln wie „Im Westen wohl was Neues", „Im Osten nichts Neues", „Vor Troja nichts Neues" und andere. Bereits der Hollywood-Film aus dem Jahre 1930 wurde von Schlägertrupps mit Störaktionen behindert, sodass er im folgenden Jahr verboten wurde. Remarque lebte ab diesem Jahr erst in Porto Ronco am Lago di Maggiore/Italien, dann zeitweise in den USA.

Remarque blieb durch die früh erworbene Zerrissenheit lebenslang ein Suchender, mit häufig wechselnden Aufenthaltsorten sowie vielen kurzen Liebesbeziehungen, darunter mit Marlene Dietrich. Jedoch half er auch sehr vielen Menschen sowohl finanziell als auch ideell. Er heiratete seine erste Frau, die Tänzerin Jutta Zambona, ein zweites Mal, um ihr die Auswanderung in die Schweiz und später das Asyl in den USA zu ermöglichen. Remarque durchlitt später Depressionen und Nervenschmerzen. Er hatte ab dem Jahr 1948 die Menièresche Krankheit, das heißt Schwindelanfälle mit zunehmendem Hörverlust und tief klingendem Tinnitus. Zudem zwangen ihn drei Herzanfälle und zunehmende Arterienverkalkung zu zurückgezogenem Leben im Alter. Erst im Jahr 1968 versöhnte Remarque sich mit Deutschland, nachdem offiziell anerkannt worden war, dass seine Schwester Elfriede durch die Nationalsozialisten ermordet worden war. Erich Maria Remarque starb im Jahr 1970 in Porto Ronco in Italien.

Im Jahre 1996 wurde in Kooperation mit der Universität Osnabrück das Erich Maria Remarque-Friedenszentrum eröffnet. Der Eingang ist ebenerdig. Zuerst fällt die Sonderausstellung ins Gesicht. Eine kurze Treppe aufwärts führt zur Dauerausstellung über Remarques Leben mit dem Titel „Unabhängigkeit – Toleranz – Humor". Die Tafeln der Ausstellung sind in dem viersprachigen gleichnamigen Bildband komplett zusammengefasst. Remarques 3x1.10m großer venezianischer Schreibtisch von zirka 1800 konnte inzwischen erworben und in den Ausstellungsräumen aufgestellt werden.

Für Frieden setzt mensch sich in Osnabrück weiterhin konsequent ein. Alle zwei Jahre wird der Erich Maria Remarque-Friedenspreis vergeben. Es gibt das Erich Maria Remarque-Archiv sowie eine „Forschungsstelle Krieg und Literatur".

Erich Kästner – ein faszinierender Schriftsteller mit bitterem Ende

Im Jahr 1899 geboren, verbrachte Erich Kästner seine Kindheit in Dresden. Bezaubernd hat er sie in „Als ich ein kleiner Junge war" (1957) beschrieben. Deutlich wird darin, wie überaus stark die Bindung zur Mutter war. „Ihr Einsatz hieß: ihr Leben, mit Haut und Haar! – Die Spielkarte war ich." Kästner wurde durch Lehrer als Untermieter früh für Bücher begeistert. Er war gut in der Schule und auch sonst brav. Dennoch stand die Mutter manchmal mit Selbstmordabsichten auf Brücken, und er musste sie retten. Als Jugendlicher wanderte sie viel mit ihm. Im Jahr 1914 ist der letzte Satz des Buches: „Der Weltkrieg hatte begonnen, und meine Kindheit war zu Ende." Noch kurz vor Ende musste Kästner im Jahr 1917 in den Krieg, was ihm eine lebenslange Herzschwäche bescherte.

Im Jahr 1919 begann Kästner in Leipzig zu studieren. Er lernte seine erste Partnerin Ilse Julius kennen, mit der er sieben Jahre lang zusammen war. Seitensprünge gab es aber lebenslang. Ab dem Jahr 1927 hatte Kästner in Berlin seine produktivste Phase. Zwei Jahre später entstand sein weltweit berühmtestes Buch, „Emil und die Detektive" – 40mal übersetzt und siebenmal verfilmt. Seine Kinderbücher waren ausnahmslos und entschieden unpolitisch (außer „Die Konferenz der Tiere"). Kästner war Pionier für das Hörspiel und hospitierte als einer der ersten beim Film. Er schrieb Gedichte, Theaterkritiken und Drehbücher. Mit seinen sozialrefomerischen Ansichten hielt Kästner sich jedoch zurück.

Dennoch waren Kästners Bücher bei der Bücherverbrennung durch die Nationalsozialisten im Mai 1933 dabei. Er stand als Zuschauer daneben. Er blieb mit dem Plan zuhause, später den „Augenzeugenbericht eines Daheimgebliebenen" vorzulegen. Ab sofort hatte Kästner Schreibverbot, publizierte aber inoffiziell ein Drehbuch und weiterhin im Ausland. Im Jahr 1939 lernte Kästner die Journalistin Luiselotte Enderle kennen, mit der er über 40 Jahre zusammen blieb. Beiden gelang es, noch im Jahr 1945 die Stadt Berlin mit einem 60-köpfigen Team nach Mayrhofen, Tirol, zu verlassen. Vor Ort wurde mit leerer Filmkassette in der Kamera gedreht – ein erfolgreicher Bluff! Nach dem Krieg lebte Kästner in München. Er schrieb über seine Rolle den literarischen Nachwuchs zu fördern: „Ich komme mir vor wie eine intellektuelle Kinderfrau." Kästner war ehrlich: Er „bringe es nicht fertig, über diesen unausdenkbaren, infernalischen Wahnsinn einen zusammenhängenden Artikel zu schreiben." Sein Projekt Zeitzeuginnen direkt nach dem Krieg eine Stimme zu geben, scheiterte leider.

Nach dem Zweiten Weltkrieg fiel Kästner zunehmend in Resignation. Er blieb jedoch ein hartnäckiger, politisch engagierter Mensch, wurde gar radikaler, ging auf die Straße und sprach auf Anti-Atom-Demonstrationen. Er wurde darüber hinaus Präsident der deutschen P.E.N.-Sektion[49].

Kästner hatte weiterhin mehrere Affären und fand dabei seine zweite große Liebe mit Friedel Siebert, mit der er im Jahre 1957 den Sohn Thomas bekam. Er wagte nicht, Luiselotte gegenüber offen zu sein, da sie bei Trennung mit Selbstmord drohte. Das führte für Kästner zu einem anstrengenden Doppelleben – er hatte Luiselotte zu viel zu verdanken, um sich trennen zu können. Sie fand alles per Detektiv heraus. An der Dauerbelastung zerbrach er. Kästner war reich, aber nicht glücklich. Arbeitsfähig war er nur noch vereinzelt. Zu alldem stellten die Ärzte eine offene, ansteckende Tuberkulose fest, die im Sanatorium in Agra, Italien, geheilt wurde. Über den langen Zeitraum 1964 – 1969 lebte Kästner je fünf Wochen abwechselnd mit Luiselotte und mit seiner Familie, bis Friedel sich trennte. Sein Lebensgefühl wurde immer absurder, er fürchtete „falsch gelebt zu haben". Kästner sprach ab dem Jahr 1970 dem Alkohol sehr zu. Eine Freundin schrieb nach einem Treffen: „Erich, so sehr er die Vernunft verkörperte, war doch in seinen physischen Instinkten weniger klug, hat nicht hausgehalten mit seinem Leibe, was man tun muß, um alt zu werden und weise zu bleiben." Zu spät für Hilfe wurde bei ihm eine bösartige Zellwucherung entdeckt, die sich als bei über 55-Jährigen häufiger Speiseröhrenkrebs erwies. Im Jahr 1974 starb Erich Kästner daran.

In der Dresdner Villa Augustin, in der Erich Kästner als Junge oft bei seinem Onkel Franz Augustin zu Besuch war, befindet sich seit dem Jahre 2000 das Erich Kästner Museum. Eine Bronzestatue davor zeigt den jungen Erich Kästner auf der Mauer des Museums sitzend. Das Konzept „interaktives micromuseum" ist etwas für Neugierige, die spielerisch und selbsttätig den Schriftsteller und seine Welt in 13 beweglichen Säulen mit verschiedenfarbigen Schubladen erforschen können. Vier Farben an den Schubkästen sind Themenbereichen zugeordnet. Zum Beispiel steht Grün für „Erich Kästner – ein Deutscher in Sachsen", Gelb für „sie müssen wie die Kinder werden – Kästners Utopie". So kann sich jede in wild gemischten Büchern, Fotos, Textstellen und anderem ein individuelles, überraschendes Bild des Autors machen.

Frantz Fanon – revolutionärer Psychiater, Schriftsteller und Politiker – fast vergessen

„You will not live to comb grey hairs.
You want to do too many things."

Professor von F. Fanon

„Menschen, die in der Psychiatrie arbeiten, sind ja selbst verrückt." lautet ein gängiges Vorurteil. Frantz Fanon war ein Vordenker der Entkolonialisierung. Er hatte sich zum Ziel gesetzt, „Afrika in Bewegung zu bringen, mitzuarbeiten an dessen Reorganisation unter revolutionären Prinzipien. Teilzunehmen an der wohlgeordneten Bewegung eines Kontinents"[50]. Fanons Leben spielte sich auf drei Kontinenten ab. Seine Gedanken waren in seine Zeit eingebettet[51]. Dabei war er insgesamt seiner Zeit weit voraus.

Lebensweg

Frantz Fanon wurde im Juli 1925 auf der französischen Karibikinsel Martinique[52] in der Hauptstadt Fort-de-France als fünftes von sechs Geschwistern geboren. Sein Vater Casimir Fanon war Zollbeamter, seine Mutter Éléonore Médélice eine Mulattin mit Elsässer Wurzeln. Sie betrieb einen Laden für Haushalts- und Tuchwaren. Die Familie mit Doppeleinkommen war zur wohlhabenden Mittelklassefamilie mit Bediensteten aufgestiegen. Die Erfahrung des Großfamilienlebens setzte Fanon später als „therapeutische Neo-Gesellschaft" um[53]. Eine Situation prägte Fanon wesentlich: Auf einem Schulausflug zum Monument des weißen Staatsmanns und Sklaventumgegners Schoelcher im Jahre 1935 fragte Fanon sich, was gerade dieser getan habe, um allein als der Befreier vom Sklaventum gefeiert zu werden. (Bis Mai 1848 hatten de facto mehrere Sklavenaufstände zur Freiheit geführt, s. Macey, S. 10f.) Fanon begriff, dass in der Schule verdrehte Wahrheit unterrichtet wurde. Fanons Kindheit war glücklich und beschützt bis zum Jahr 1939, als er seine ersten rassistischen Erfahrungen mit französischen Soldaten machte. Seine Mutter war so findig, ihre Söhne in Mädchenkleidern zu verstecken, als Militärs im Ort Soldaten für den Kriegseinsatz suchten. Fanon kämpfte dennoch freiwillig im Zeitraum 1944/45 als Soldat in Nordafrika und Frankreich. Im Jahr 1946 begann er mit 22 Jahren in Lyon Medizin zu studieren. Er verliebte sich in die Literaturstudentin Marie Josèphe Dublée, gen. Josie, die er im Jahre 1952 heiratete. In Saint-Alban lernte er bei dem Psychiater Tosquelles den soziotherapeutischen Ansatz kennen. Im Juni 1953 wurde Fanon staatlich geprüfter französischer Psychiater. Er wurde im November desselben Jahres in Blida-Joinville im Norden Algeriens als fünfter Psychiater im „L´Hôpital psychiatrique de Blida" (Provinz IV) eingestellt. Sohn Olivier wurde im Jahre 1955 geboren. Fanon nahm zweimal am „Kongress Schwarzer Schriftsteller und Künstler" teil (Paris 1956 und Rom 1959). Ab dem Jahr 1957 war Fanon in Tunis, Tunesien, teilzeitbeschäftigt. Seine Frau arbeitete für das tunesische Radio. Fanon war ab dem Jahr 1957 politischer Aktivist und Sprecher für die FLN. Als „Botschafter für Afrika" war er ab April 1960 viel unterwegs. In Ghana hatte im Dezember 1958 die erste „Konferenz zur Vereinigung Afrikanischer Nationen" stattgefunden, die zweite folgte im November 1960. In diesem Jahr erlangten viele afrikanische Staaten ihre Unabhängigkeit. Obwohl bei Fanon im Dezember 1960 akute myeloische Leukämie, eine bösartige Erkrankung des blutbildenden Systems, diagnostiziert wurde, nahm Fanon noch im März 1961 nach einem ersten Behandlungsversuch in Moskau an der dritten „Konferenz über Afrikanischen Kolonialismus"

Frantz Fanon

teil. Frantz Fanon starb 36-jährig im Beisein seiner Familie im Dezember 1961 in Maryland, USA. Josie sollte Frantz um über 25 Jahre überleben. Ab 1960 zeitlebens mit den Folgen einer Malariaerkrankung kämpfend, sollen erneute Gewaltausbrüche in Algier im Oktober 1988 wesentlich zu Josies Selbsttötung im Juli 1989 beigetragen haben.

Eigenschaften

Fanons Persönlichkeit wird noch heute in Martinique wie in Frankreich widersprüchlich wahrgenommen. Schon als Junge hatte Fanon ein dominantes Wesen. Er war eine kontaktfreudige Persönlichkeit und organisierte einen „Club der vergnügten Weggenossen". Er brauchte zeitlebens den lebendigen Kontakt mit seinen Mitmenschen, dieser war für ihn wie Atmen. Er war schon damals selbstsicher und arbeitete effizient. Fußball war eines seiner Hobbys, er las auch viel. Fanon war außergewöhnlich neugierig, liebenswert, großzügig und sorgfältig, aber auch umständlich. Er wurde als „heady" (berauschend und impulsiv) beschrieben. Er war selbst außergewöhnlich wortgewandt („word runner") und ein sehr guter Redner. Später vermischte Fanon Französisch frei mit Creole, Kabyle, Arabisch und Wolof. Diese Sprachen lernte er während der Arbeit und auf seinen Reisen innerhalb Algeriens. Er tanzte sehr gerne und spielte die leichten Brettspiele Rami und Belote häufig. Fanon war z.T. sehr distanziert – wie auch Josie –, er sprach so gut wie nie über sich selbst und kaum je über seine Vergangenheit. Fanon hatte Erfahrungskenntnis von Diskriminierung am eignen Leib. Er hatte verinnerlicht rassistisch, politisch und kulturell unterdrückt zu werden. Eine schmerzliche Situation beschrieb er: Ein Kind zeigte mit dem Finger auf ihn und rief: „Sieh, ein Neger! Ich hab Angst!" Dieser Schmerz, der Finger des Kindes, war für ihn die Spitze zwischen dem Privaten und dem Sozialen, zwischen dem Psychologischen und dem Kulturellen. Der Körper, wie gelähmt, sei durch eine Diskriminierung in seinem integren Körperbild angegriffen und der Worte beraubt. Meist höflich und nett, trat Fanon in Blida zeitweise ungeduldig bis aggressiv auf um seine Interessen durchzusetzen. Es gelang ihm durch seine ehrliche Wut Unerreichbar-Scheinendes zu erreichen. Sein Verhalten war oft unvorhersehbar. Fanon war ein zunehmend wütender Mensch. Wenn er im Jahr 1960 seine Reisen als Politiker unterbrach und seine Familie besuchte, wechselte seine Stimmung von enthusiastisch bis erschöpft, angespannt oder reizbar, aber er war auch häufig lapidar-kurzsilbig.

Bereits während der Ausbildung war Fanon an wissenschaftlicher Genauigkeit nicht allzu interessiert. Seine vielfältigen Interessen reichten von Literatur über Philosophie, Phänomenologie, Marxismus bis zu Existentialismus, Ethnologie und Psychoanalyse. Er selbst war kein ausgebildeter Psychoanalytiker. Für ihn war der Psychiater zuallererst Therapeut. Fanon war nicht von seinen Gefühlen abgeschnitten wie viele der von ihm Behandelten. Fanon machte nach Cherki nie Aufzeichnungen zu Behandlungen, denn das schien ihm schonungslos-festhaltend. Nach Macey machte er durchaus Notizen.

Dass Fanon wenig Schlaf brauchte und Frühaufsteher war, half ihm, sein immenses Tagespensum zu erfüllen. Zu jeder Tageszeit war er auf der Station anzutreffen. Er war morgens am Bett der Insulinpatientinnen, nachmittags bei den Gruppentherapien anwesend, abends diskutierte er in den Schlafräumen mit den Patientinnen. Fanon trat jedem gegenüber entschieden auf, der psychisch Kranke nicht als Subjekte behandelte.

Psychiatrie

Fanon wurde vor allem als engagierter Verfechter von Veränderungen in der Psychiatrie wahrgenommen. Dabei wollte er die Psychiatrie nicht an sich auflösen. Er hat sich immer innerhalb der Institution bewegt und wollte reformieren (Macey, S. 208). Ein „Ketten lösen"-Wollen sei „Legende".

Fanon trat im Jahr 1953 die neu eingerichtete Stelle im einzigen algerischen langzeitverwahrenden Krankenhaus – „Algerias Capital of Madness" – an. Zu dem Zeitpunkt gab es dort 800 Patientinnen. Neben gefängnisartigen Gebäuden gab es Villen für Beschäftigte, eine Kapelle für Feste und eine Moschee war als Baskettball-Spielort zweckentfremdet. Es gab ein großes Farmgelände. Fanon baute darüber hinaus ein Theater, ein neues Fußball-Stadion und eine Schule für Krankenpersonal. Für das Krankenpersonal erarbeitete er ein Curriculum. Das Erscheinen von Neuroleptika im Jahr 1955 nahm Fanon zuerst positiv auf. Auch Insulin- und Elektroschocks wendete er an, war jedoch kategorisch gegen Lobotomie. Er kritisierte die Untersuchungstafeln, deren bildhafte Erzählanreger für Algerierinnen/Muslima nicht passten. Der Umgang mit Fanon war entspannt, auch bei Besuchen im Privathaushalt Fanons.

Fanon nahm seine Patientinnen als um die eigene Befreiung bemühte Subjekte wahr und begegnete ihnen auf Augenhöhe. Er gab dem Personal hilfreiche Tipps für den Umgang mit den Patientinnen, die er „boarders" nannte („Pensionsgäste“): offen und ehrlich bleiben, ernst sein. Eine freundliche Begrüßung lege das Fundament für eine gute Heilung. Fanon konnte gut Menschen zusammen bringen. Während seines soziotherapeutischen Experiments in Blida musste jede auf der Station an den zweiwöchentlichen Treffen teilnehmen. In seiner „therapeutischen Neo-Gesellschaft“ gab es Beschäftigungstherapie und eine Art Psychodrama. Fanon war sehr interessiert an der Sprache des Ergriffenseins und des Körpers. Er legte Entfremdung als immer mit Gewalt verbunden offen. Entfremdung endete nach Fanon in Entpersönlichung nicht nur von Individuen, sondern auch von ganzen Völkern. Er hat zeitlebens versucht die Entfremdung – in den Personen sowie im politischen System – aufzuhalten und zurückzudrehen. In Blida wurde für Fanon immer klarer, dass die psychopathologischen Ausdrucksformen auf kulturellen Eigenheiten beruhten. Er wollte eine Brücke zwischen den Kulturen schaffen. Fanon befragte dazu seine arabischen Krankenpflegerinnen. Es wurde schließlich ein Teehaus „Café maure“ eröffnet. Muslimische Feste wurden gefeiert.

    Fanon behandelte auch in psychiatrischer Praxis zuhause. In seinem Buch „Les damnés de la terre“ berichtet er im fünften Kapitel „Kolonialkrieg und psychische Störungen“ (immerhin 52 Seiten lang) einen für mich erschütternden „Fall“ aus seiner Privatpraxis: Ein Polizist litt so sehr unter seiner Arbeit, dem Foltern, dass er seine eigene Familie zu schlagen begann. Mensch liest nirgendwo sonst, wie die zwischenmenschlichen Mechanismen unter Folterern funktionierten und wie es einem Folterer im Detail ging (geht! Noch heute wird gefoltert!). Und: Der Polizist wollte allen Ernstes von Fanon, dass dieser ihm helfe mit mehr Gewissensruhe zu foltern. Wie der „Fall“ ausging, wird nicht berichtet (Fanon, S. 210f.)[54].
Während seiner drei Arbeitsjahre in Blida radikalisierte sich Fanon vom politisch Engagierten zum politischen Aktivisten. Ab dem Jahr 1954 wuchs Fanons Unterstützung des algerischen Nationalismus. Silvester 1955/56 war die Stimmung sowohl im Lande als auch im Krankenhaus explosiv. Polizeiliche Durchsuchungen auf der Suche nach versteckten Kämpferinnen fanden zunehmend statt. Auch Personal wurde befragt. Ende 1957 reichte Fanon seine Kündigung ein und erhielt als Antwort darauf seine Ausweisung. Zum Jahresende verließ Familie Fanon aufgrund von Drohungen Blida. Nur Wochen später gab es einen Überraschungsangriff auf das Krankenhaus.

Im Exil in Tunis wurde Fanon als Schwarzer häufig schräg angesehen. In Nordafrika „spuckten die Franzosen auf die Juden, diese auf die Araber und diese auf die Schwarzen". Er war 31 Jahre alt und begann in der Klinik Manouba, einer öffentlichen Institution in einem Vorort, zu arbeiten. In dem gut ausgestatteten Krankenhaus in angenehmer Lage gab es neben Freigängerinnen viele lebenslang eingesperrte Patientinnen. Zusätzlich arbeitete er in der neuropsychiatrischen Abteilung des „Hôpital Charles-Nicolle" in dessen neuropsychiatrischer Abteilung, in der er Afrikas erste psychiatrische Tagesklinik einrichtete. Er musste nicht mehr so fachlich isoliert wie in Blida arbeiten. Zudem konnte er Kämpferinnen der ALN (Aktion Nationale Befreiung) wesentlich diskreter und unauffälliger behandeln. Er begleitete nun nur noch Opfer – neben Kämpferinnen auch Pflegende aus der Provinz IV –, keine Täter mehr. Türgriffe wurden innen angebracht, Fenstergitter und Zwangsjacken entfernt und das Gebäude frisch gestrichen. Betten für je 40 Personen beiderlei Geschlechts plus sechs Kinderbetten – revolutionär für die Zeit – wurden eingerichtet. Eine Vorlesungsreihe wurde eingeführt. Abwechslungsreiche Behandlungstechniken wurden eingesetzt: Zeichnen, Malen, Beschäftigungstherapie etc. Das konkrete Ergebnis war für Fanon – wie bei seinem Mentor Tosquelles – wichtiger als die Theorie. Die Erfolgsquote der Abteilung war so hoch, dass in 16 Monaten weniger als ein Prozent der Behandelten erneut nach Manouba eingewiesen werden mussten.

Noch immer hatte Fanon medizinischen Ehrgeiz und wurde nicht zu einem Vollzeit-Revolutionär. Jedoch wurde er militanter und kompromissloser Fürsprecher für die FLN (Nationale Befreiungsfront). Als solcher schrieb er von September 1957 bis April 1960 regelmäßig in der zweiwöchentlich erscheinenden Zeitschrift El Moujahid (arab., „Der Kämpfer des Glaubens").

Bücher

Bei den Artikeln in der Zeitschrift El Moujahid handelte es sich um Unterstützung für bereits überzeugte Kämpfer- und Befürworterinnen der algerischen Unabhängigkeit. Sie könnten auch von anderen geschrieben oder Gemeinschaftsarbeiten sein. Die Angaben zu Fanons Autorenschaft stammen von Josie.

Fanon schrieb laufend neben der Arbeit. Es entstanden drei Bücher und circa 45 fachwissenschaftliche und politische Artikel. Fanon „schrieb" seine Bücher, indem er sie einer Mitarbeiterin diktierte, Schreibmaschine schreiben konnte er nicht. Während des Diktats lief er hin und her, so dass mensch sagen kann, dass Fanon seine Texte „in Bewegung seiend" verfasste. Der Rhythmus der Schritte sowie des Atmens floss in die Texte ein. Zugleich sprach er nahezu druckreife Sätze und Absätze, die kaum redigiert werden mussten.

Fanons herausragende Werke sind „Schwarze Haut, weiße Masken" (Original: „Peau noir, masques blancs". Paris 1952, ins Deutsche übersetzt erst 1980!) und „Die Verdammten dieser Erde" (Original: „Les damnés de la terre". Mit einem Vorwort von Jean-Paul Sartre. Paris 1961). Fanon war in seinen Büchern sehr deutlich auf der Seite der Menschlichkeit.

„Peau Noir" wurde im Jahr 1953 geschrieben, jedoch erst vier Jahres später veröffentlicht. Fanon schrieb in der Einleitung: „Mensch-Sein ist ein JA. (…) Ja zum Leben. Ja zur Liebe. Ja zur Großzügigkeit. Aber Mensch-Sein ist auch ein NEIN. Nein zu Verachtung von Menschen. Nein zur Demütigung von Menschen. Nein zur Ausbeutung von Menschen. Nein zur Ermordung dessen, was zutiefst menschlich ist: Freiheit." Der Text mit seinem autobiografischen Hintergrund wirkt leidenschaftlich und bestechend. Das Buch ist im „Ich"-Modus verfasst. Es ist bei Fanon schwer zu sagen, wo Gedichte enden und wo Politik beginnt. „Peau Noir" enthält barockeske Schnörkel und Wortneubildungen. Leider fand das Buch aufgrund äußerer Umstände wenig Beachtung. Sogar im Jahr 1965 sei es in Martinique nicht möglich gewesen, es in Buchläden in Fort-de-France aufzufinden.

Zeitlich dazwischenliegend im Jahr 1959 in Paris publiziert, war „L´an V de la revolution africaine" (Das Jahr V der afrikanischen Revolution", H.O.) informierend und überzeugend gedacht. Im Vorwort, leider erst im Jahr 1968 in der dritten Ausgabe veröffentlicht, war die Absicht des Buches gut zusammengefasst: „Wir wollen ein Algerien, das für alle offen ist, in dem jede Art von Genie gedeihen kann. Das ist, was wir wollen und wir werden es schaffen. Wir glauben nicht, dass irgendeine Gewalt, von wo auch immer, uns aufhalten kann."

„Les damnés de la terre" ist Fanons letztes (zu Lebzeiten erschienenes) Buch. Viele seiner Aussagen darin voll Hass und Gewalt sind heute schwer nachzuvollziehen. Dekolonisation, die sich vornehme, „die Ordnung der Welt zu verändern, ist, (…), ein Programm absoluter Umwälzung." und könne nicht „Resultat (…) einer friedlichen Übereinkunft" sein (S. 29, in diesem Absatz alle Zitate aus Fanon). „Die koloniale Welt zu zerstören, heiße beide Zonen zu vernichten, (…) in den Boden zu stampfen" (S. 34). Fanon sieht keine Möglichkeit des friedlichen Brückenbaus oder Übergänge-Schaffens. „Der kolonisierte Mensch befreit sich in der Gewalt und durch sie." (S. 72) „Jeder Kämpfer trägt das Vaterland zwischen seinen nackten Zehen mit sich herum." (S. 115) Er schreibt, „dass Volksführer eins mit der Bewegung der Geschichte sind und nehmen mit ihren Muskeln und ihren Hirnen die Führung des Befreiungskampfes auf sich." (S. 125) Die Oberfläche der Haut eines Kolonisierten sei „empfindlich wie eine offene Wunde" (S. 47), sie schrumpfe ein, die psychische Veranlagung verkrampfe sich und entlade sich in muskulären Reaktionen, die von einigen Wissenschaftlerinnen als Hysterie missverstanden worden seien. Kolonisierte entspannten sich in „Muskelorgien" (S. 48) bei ekstatischem Tanze. Cherki nennt sie „magische Befestigungen/Aufbau einer Kultur". Bei diesen Tänzen findet eine „scheinbar ungeordnete, in Wirklichkeit aber streng geregelte Pantomime" statt, wo sich die grandiose Anstrengung eines Volkes äußere sich zu heilen. Diese Handlungen seien „unentbehrlich" und hätten eine „ökonomische (Schutz-)Funktion" (S. 48). Krank mache hingegen der Kolonialkrieg. Dessen eigenes Gesicht von damals bildet sich heute in Europa nur noch auf den Bildschirmen aus anderen Zonen auf der Welt ab: die „blutige und unbarmherzige Atmosphäre". So kann (oder muss) mensch „unmenschliche Praktiken" ansehen mit dem Eindruck „einer wirklichen Apokalypse" (alle S. 212) beizuwohnen. Das kann heute bei dünnhäutigen Menschen leicht zu einbrechenden Abwehrmechanismen und Krank-Werden führen. In seinen Schlussfolgerungen bittet Fanon, dass „wir für uns selbst eine neue Haut schaffen, ein neues Denken entwickeln, einen neuen Menschen auf die Beine stellen." (S. 267)

Fanon heute

Nach Macey gab es in im Jahr 2000 weder eine Straße noch ein Krankenhaus, das nach Fanon benannt war. Im April 2019 sind online insgesamt zehn Avenues/Rue mit Fanons Namen, davon je vier in Martinique und in Algerien, zu finden. Zwar hat Frankreich inzwischen eine Straße mit seinem Namen in Bobigny (nahe Paris) aufzuweisen, aber keine einzige nach ihm benannte psychiatrische Institution. In Algerien sind zwei Kliniken nach ihm benannt.

Fanon hat auf bemerkenswerte Weise in einem Umfeld in Algerien experimentieren können, wie es in Frankreich zu der Zeit (leider noch erst recht heute! [2019], H.O.) nicht möglich gewesen wäre. Der revolutionäre Psychiater und Autor ist heute leider fast vergessen, obwohl im Grunde noch immer hochaktuell. Zu Fanons „Kurs ändern!", „lieber sofort als morgen" (Fanon, beide S. 263) fordern heute viele, auch junge Menschen auf.

Auszeichnungen

1963 Prix National des Lettres Algériennes (posthum)

Comics über Menschen mit einer Behinderung – ist das witzig?

Comics sind – inzwischen auch unter der aufwertenden Bezeichnung Graphic Novel – auch in Deutschland zunehmend beliebt. So wie Witze über wirklich alle Themen gemacht werden können, so können alle Themen auch in Comics bzw. Graphic Novels behandelt werden. Die Leserin muss jeweils für sich selbst entscheiden, welche Comics sie wie witzig findet. Nicht nur das Thema, auch die grafische Aufarbeitung ist dafür entscheidend. Menschen mit guter visueller Aufnahmefähigkeit können mit den optischen Eindrücken das jeweilige Thema gut aufnehmen und für sich verarbeiten.

Heute gibt es bereits viele verschiedenartige Comics über Menschen mit Behinderung. In dem 1.000-seitigen Buch „1001 Comics" von Andreas Knigge (2012) sind 25 Comics mit dem Thema Körperbehinderung und circa 100 Comics mit psychosozialen Gesundheitsproblemen erfasst. Bei immerhin 13% der Weltbevölkerung, die (körper-)behindert sind, erscheint mir das immer noch wenig. Der selbst behinderte Magdeburger Zeichner Phil Hubbe, der Hauszeichner in der Körperbehindertenszene, ist in dem Buch nicht aufgeführt, da er eher Cartoons zeichnet.

Auch in den hier vorgestellten Graphic Novels geht es um Wege der Lebensbewältigung von Einzelpersonen mit psychischen Gesundheitsproblemen. Die meisten Comics sind autobiografisch, also aus Sicht einer Betroffenen dargestellt. Ein Comic befasst sich ausdrücklich mit Problemen von Angehörigen. Abschließend geht es um das in unserer Gesellschaft so bedeutsame Thema „Arbeit". Dort wird die erfolgreiche Behandlung von sogenanntem „Burnout" dargestellt.

Somit findet dieses Buch einen positiven vorwärtsweisenden Abschluss mit einem hoffnungsvollen Ausblick auf die Zukunft.

„Schwarze Gedanken" – zu Krieg und anderem von einem lustigen Zeichner

*„Der Albtraum fängt erst
beim Aufwachen an."*

André Franquin

Ab dem Jahr 1977 produzierte André Franquin, einer der wichtigsten stilprägenden Zeichner Europas, eine Serie von Einzelcomics, die Reihe „Schwarze Gedanken". Sie wurde in zwei Magazinen nacheinander vorveröffentlicht. Im Jahre 1983 wurden sie unter eben dem Titel gesammelt herausgegeben. Es handelte sich um überraschende, kurze, 1- bis 2-seitige Gags, vor makabrem Humor triefend. Die Bezeichnung „Parodie/Satire" ist eine absolute Untertreibung! Franquin war in einer längeren depressiven Phase, die diesen Humor der Verzweiflung hervorbrachte. Schon zuvor war er für Sozialkritik offen geworden. In diesen schnellen, brutal-scharfen Gags nahm Franquin kriegslüsterne Militärs, Jäger, brutale Pferdesportler und auch einfach Menschen, die Pech haben, auf's Korn. Im Vorwort seiner mutigen und ehrlichen One-Pager ohne Überschriften wird er mehrfach als „verträumter Franquin" bezeichnet, auch als „Atemberaubender Franquin. (…) Franquin, die Zartheit." Sensibel muss ein Mensch sein, wenn er die Realität so krass wahrnehmen und umsetzen kann – in einem fein-ziselierten Stil, der „das Geringe […] unter der Hand zur Größe" (Gotlib) machte.

Aus diesem zeitkritischen Schwarz-Weiß-Band möchte ich zwei Einzelcomics vorstellen. Sie haben mir von den sieben Comics, die zum Thema Krieg passen, am besten gefallen. Beide bringen für mich Kriegsunlust sehr gut auf den Punkt. Episode aus dem Mittelalter: Soldaten auf der Mauer, jeder in einem kleinen Karree, mit Speeren, Morgenstern, etc. Im ersten Panel[55]: Selbstsicheres Gebrüll: „SIEG!" und Gejohle: „Brunz! Flebeleb!" Nach rechts hinüber werden in den Sprechblasen wachsamere Töne laut, die im zweiten Panel darunter bis zum Zweifel fortgesetzt werden: „Es heißt, die haben eine geheime Wunderwaffe…" und am rechten Ende des Panels: „Hört ihr da nichts knirschen?" Das dritte Panel darunter nimmt die halbe Seite ein. Ein Riesenzahnrad zerquetscht sie alle. Am rechten Bildrand sagen sie noch: „… das ist doch alles nur falscher Alarm, um uns weich zu machen …", während linker Hand einzelne Augen etc. herunterfallen. Auch hat Franquin seine Signatur in einer zermatschten Form daruntergesetzt. Feinheit bis ins Detail. Der andere ausgewählte Comic ist mehr pazifistisch: Im ersten Panel schreit der General: „AAANGRIFF!", Säbel nach vorn gestreckt, Richtung Kanonen und Bomben. Ein Blitz kommt im zweiten Panel aus der Wolke („BROOUMM"), der General samt Pferd spratzelt und wird zerschmettert. Das Fußvolk schreckt zurück. Im dritten Panel bleibt vom General nur das Knochengerüst. Die Soldaten haben Kehrtwende gemacht, nur deren Sprechblasen sind noch zu sehen: „Äh … hat irgendjemand verstanden, was der gerade gesagt hat?" – „Also, ich hab nicht …" – „Also dann, lieber weg von hier …" und die lapidare Spitze: „Sollte mich nicht wundern, wenn's gleich anfängt zu regnen …"

Bereits auch im Zeitraum 1958-63 hatte André Franquin aufgrund von Überarbeitung eine erste depressive Phase mit nervöser Gelbsucht und Rückzug aus dem Zeichnen. Die im Jahr 1977 wieder einsetzenden Depressionen verstärkten sich Anfang der 1980er Jahre so, dass Franquin nicht mehr arbeiten konnte. Der im Jahr 1924 geborene Brüsseler war für sein im Alter von 30 Jahren entwickeltes süßes Fantasiewesen Marsupilami und für seinen kreativen, versöhnlichen und fröhlich-kindlichen Chaoten Gaston Lagaffe weithin bekannt und geschätzt. Immerhin hat Franquin seine im Jahr 1957 geschaffene Figur Gaston „rückblickend" als „ein Selbstporträt" bezeichnet. Sein Spätwerk waren die im Jahr 1990 fürs Fernsehen geschaffenen Tifous. Diese drei fröhlichen Irrwichtel schlossen an seine frühere Schaffensfreude an.

Wie hat er diese schwierige Lebensphase überwunden? Liliane Franquin, die André im Jahr 1950 geheiratet hatte und mit der er nach sieben Jahren eine Tochter bekam, blieb als Angehörige an seiner Seite. Wie ein Mensch aus einer solch dramatisch-tiefer-am tiefsten Phase heraus seine frühere Lebensfreude wiederfinden konnte, bleibt ermutigend. Im Jahr 1997 starb André Franquin 73-jährig in Nizza an Herzversagen. Seine Witwe überlebte ihn um zehn Jahre.

Im Herbst 2017 erschien eine Neuauflage von „Schwarze Gedanken". Zum 40-jährigen Jubiläum erschien im Januar 2018 der 128-seitige Sonderband „Es waren einmal Schwarze Gedanken" mit unveröffentlichtem Material, vielen Interviews und Hommagen.

„Persepolis" – Krieg im Iran und was er mit einem Mädchen macht

Die Ruinen der altpersischen Residenz- und Palaststadt Persepolis liegen 900 km südlich von Teheran, wo das Geschehen der Graphic Novel stattfindet. Der Name „Persepolis" wurde möglicherweise für die Graphic Novel gewählt, um sich von der modernen Hauptstadt Teheran abzusetzen und sich zugleich auf das historische persische Erbe zu beziehen. Seit dem Jahre 1979 UNESCO-Weltkulturerbe, ist Persepolis die touristische Hauptattraktion des Landes. Im Jahr 1971 wurde hier anlässlich der 2.500-Jahr-Feier der Iranischen Monarchie eine Zeltstadt aufgebaut. Nur acht Jahre später ging diese Monarchie bei der Islamischen Revolution unter. Ab dem Jahr 1982 entstand hier ein Militärcamp, das nach Ende des Irak-Iran-Krieges (1988) verfiel. Dieser Krieg war einer der vielen Stellvertreterkriege, die es gegeben hat und weiterhin gibt. Diese Mächteränke-„Spiele" der beiden großen Supermächte werden auch gerne mit Waffen aus der sogenannten Ersten Welt beliefert.[56] Sie bringen viel Elend für viele unschuldige Zivilistinnen und Soldatinnen.

Der dargestellte Zeitraum in der Graphic Novel „Persepolis" umfasst den Zeitraum von 1980 bis 1994, überschneidet sich also mit dem Kriegsgeschehen. Die beiden Bände „Eine Kindheit im Iran" und „Jugendjahre" sind in der vorliegenden Ausgabe zusammengefasst. Es gibt Zwischenkapitel wie „Das Kopftuch" oder „Pasta". Die „Comic Autofiction"[57] der im Jahr 1969 in Teheran geborenen Zeichnerin Marjane Satrapi ist sehr menschlich erzählt. Auf völlig unbefangene Weise führt Satrapi auch eigene Fehler und Egoismen aus. In Band 1 wird eine Kindheit in einer links-intellektuellen Mittelschicht-Familiengeschichte entwickelt. Die Familie war aufmüpfig. Westliche Einflüsse waren im Jahr 1980 bereits groß („Wir trugen das Kopftuch nicht gern, besonders weil wir nicht wussten, wofür.", S. 7). Auf S. 157 endet der Bericht über die Kindheit mit der Abreise nach Österreich. Der Band 2 enthält die Jugendjahre Satrapis ab dem Jahr 1984 mit dem Aufenthalt in Wien als Schülerin in einem Internat. Trotz Außenseiter-Dasein fand sie Freundinnen. Satrapi ging jedoch auf die Wiener Straßen um als Punk zu leben. Nach vier Jahren in Wien zog sie wieder in den Iran zurück. Mit 21 Jahren heiratete sie Reza. Die Ehe scheiterte. Für das Studium

„Visuelle Kommunikation" an der Kunstfakultät in Teheran im Zeitraum
von 1988 bis 1994 entwarf Satrapi ein „Projekt: Gegenstück zu Disneyland".
Obwohl sie damit nicht gut ankam, schloss sie das Studium erfolgreich ab.
Das Buch endet im September 1994 mit Marjane Satrapis Rückkehr in den
Westen nach Frankreich.

Auf 350 Seiten wird in Schwarz-Weiß in ein bis neun gerahmten Panels
pro Seite berichtet. Über vielen Linien, Schlangenlinien und großen Mus-
tern in klarem Strich sind die Texte am oberen wie am unteren Rand der
Panels angeordnet. Sprechblasen gibt es nicht in jedem Panel. Beim Schrei-
en oder wenn sich jemand erschreckt, sind die Sprechblasen mit Zacken
versehen (S. 75: „Marji, schnell, in den Keller! Wir werden bombardiert!!!").
Es ist viel schwarzflächige Kleidung (Tschadors) zu sehen. Auch später in
Wien bleibt die Kleidung häufig schwarz. Der kindlich-naiv wirkende Stil
ist bei schlichter Ästhetik rudimentär und groblinig, auch in den Gesich-
tern. Die Panels wirken fast wie Linolschnitte.

Dabei ist der Inhalt durchaus tabulos-unverblümt: Als der kommunisti-
sche Revolutionär Moshen unerwartet aus dem Gefängnis zurückkommt
(„Ich? Tot? Lächerlich! Im Knast hieß ich der Mann mit den 7 Leben!", S.
54), schildert Marji: „Meine Eltern waren so schockiert, dass sie vergaßen,
mir die Schilderung zu ersparen…" (S. 55). Die Folter ist genau dargestellt,
ein Bügeleisen auf dem Rücken … Marji schaut im untersten schmalen
Panel schockiert-verwundert zu Bügelbrett und Bügeleisen hinüber und
denkt: „Ich hätte nie gedacht, dass man dies Gerät zum Foltern brauchen
könnte." (ebd.) „Gewalt war immer eine unvermeidliche geschichtliche
Begleiterscheinung gesellschaftlicher und politischer Konflikte. (…) In
der wirklichen Geschichte spielen bekanntlich Eroberung, Unterjochung,
Raubmord, kurz Gewalt, die große Rolle."[58] Im Zwischenkapitel „Der
Schlüssel" berichtet die Putzfrau der Satrapis traurig, dass ihrem ältesten
Sohn in der Schule „ein kleiner, goldener Plastikschlüssel" (S. 103) mit den
Worten geschenkt wurde, dass er, wenn er im Kampf fällt, damit ins Para-
dies komme. Der Vetter Chahab, auf Besuch von der Front, bestätigt diese
Geschichte: Die Unterschicht werde „fanatisiert und in die Schlacht gewor-
fen: Ein Gemetzel". (S. 105)

Aber es gibt auch witzige Szenen: Als Satrapi in Wien als Serviererin von einem Mann an den Po betatscht wird, hilft ihr die alte jugoslawische Köchin Svetlana. Deren Gesicht sieht erschütternd abgearbeitet aus. Doch als sie das bestellte Wiener Schnitzel für ihn fertig macht, sagt sie: „Herr, vergib mir!", spuckt in der Küche aufs Essen und spricht: „So, du bist gerächt!" (S. 230)

„Die Menschen machen ihre eigene Geschichte, aber sie machen sie nicht aus freien Stücken, nicht unter selbstgewählten, sondern unter unmittelbar vorgefundenen, gegebenen und überlieferten Umständen."[59] Obwohl Urenkelin von Naser al-Din Schah (1848 – 1896 Schah von Persien)[60], war Satrapis Familie vor der Islamischen Revolution kommunistischen Kreisen nahe. Satrapi nahm konsequenterweise ihre eigene Geschichte im Jahr 1994 in die Hand und ging nach Frankreich zurück. Die dort „gegebenen (…) Umstände" sind gewaltfreier und passen besser für sie. Heute lebt Marjane Satrapi als Kinderbuchautorin, Illustratorin und Filmemacherin in Paris. „Persepolis" ist inzwischen in 25 Ländern erschienen. Im Jahr 2007 wurde das Buch in einer Zeichentrickversion verfilmt. Der Film erhielt auf den 60. Filmfestspielen von Cannes einen Preis. Weitere Preise folgten. Erst 2008, nach der Nominierung zum Oscar, wurde der Film im Iran – nur sieben Mal und zensiert und vor ausgewähltem Publikum – gezeigt.

Mini-Comic: Der Künstler George Grosz, der den Ersten Weltkrieg „Der Krawall der Irren" nannte

Willi Blöß – GEORGE GROSZ
Der Krawall der Irren

Das kleinformatige Heft mit 32 farbigen Seiten ist stilistisch drastisch, direkt und eckig-expressionistisch gestaltet – angelehnt an George Grosz´ provokative Art. Es gibt Textecken und Bilder mit und ohne Rahmen, die sehr unterschiedlich auf den einzelnen Seiten verteilt sind. Auf der vorletzten Seite befindet sich eine grobe Übersicht „Zeittafel George Grosz". Daneben zitiert Blöß den interessanten Satz: „Menner machen Feler." (aus einem späten Brief von Grosz aus dem Jahr 1959) Blöß durchforstet die Literatur bezüglich der von ihm ausgewählten Persönlichkeiten ohne Schere oder Tabus im Kopf. Er wählt für seine Reihe eher regimekritische Künstlerinnen aus. Eine Verbindung zu Politik ist immer gegeben. Blöß stellt zudem gute Bezüge her zwischen der Wesens- und Schaffensart dieser Menschen und den jeweiligen bestimmenden, politischen Gegebenheiten. Dabei nimmt Blöß kein Blatt vor den Mund.

Das Leben des engagierten, kritischen Malers Georg Ehrenfried Groß, Sohn von Gastwirtseheleuten, streckte sich in der Zeitspanne von 1893 bis 1959 über die Jahrhundertwende hin. Grosz war ein sehr vielfältiger Künstler. Er malte Ölbilder mit Großstadt-Wimmelbildern[61] darauf, stellte Bühnenbilder her und Kostüme. In die Lebenszeit George Grosz´ fielen die beiden Weltkriege. Als Freiwilliger war er am Anfang des Ersten Weltkriegs nur wenige Monate im Einsatz und wurde auf Abruf entlassen. Grosz demaskierte die Kriegshetze und den Massenwahn in seinen Werken furchtlos. Sein Grundton war uneuphorisch. Dazu wählte er eine Art „´genähten´ Illustrationsstrich" (S. 4) als Darstellungsmittel. Er bezeichnete den Krieg als „Krawall der Irren" (S. 6/7). Seinen Namen amerikanisierte der Künstler im Jahre 1916 aus Protest: Aus Georg Groß wurde George Grosz. Sein Spitzname Böff leitet sich von frz. boeuf ‚Ochsenfleisch' her und bezog sich auf seine ausgeprägten amourösen Aktivitäten. Die erneute Einberufung zum Kriegsdienst im Jahr 1917 führte zu vier Monaten Aufenthalt in einer Nervenklinik zwecks Beobachtung. Seine gerade veröffentlichte erste Mappe mit krakeligen Unzuchts- und Gewaltdarstellungen überzeugte Psychiater und Militär wohl, dass er verrückt sei.[62] Er wurde als „dauernd dienstunfähig" entlassen. In Berlin wendeten er und seine Freunde sich dem Dadaismus zu. Eine Störaktion von Grosz war zum Beispiel, dass er Ausgehanzüge und Einladungen zum Tee an die Front versendete. Er heiratete im Jahr 1920 Eva Peters. Eine zwei Jahre später unternommene Reise durch die UdSSR desillusionierte ihn so sehr, dass er aus der KPD austrat. Jedoch blieb er seinen linken Ansichten treu. Karikaturen von Hitler schon seit dem Jahr 1923 und Bilder wie „Jesus am Kreuz mit Gasmaske" machten ihn früh angreifbar. Grosz wanderte schon Mitte Januar 1933 mit Familie in die USA aus. Er sah sich als politisch gescheitert und verbitterte, obwohl er in den USA einigen künstlerischen Erfolg hatte und als Lehrkraft materiell abgesichert war. Er wurde zunehmend depressiv und trank sehr viel Alkohol. Nur Wochen nach der Rückkehr nach Berlin im Jahr 1959 starb George Grosz (66) nach einem Sturz von einer Treppe aufgrund Trunkenheit. Seine beiden Söhne blieben in Amerika, der Zweitgeborene Marty wurde anerkannter Jazzmusiker.

Willi Blöß – Überzeugte Psychiater – Grosz kann wohl nur verrückt sein, S. 8

Der Autor und Zeichner Willi Blöß, Jahrgang 1958, lebt mit seiner Familie in Aachen. Er zeichnet die kleine Biografienreihe seit dem Jahr 1998 und veröffentlichte im Jahr 2002 seine ersten fünf Biografien. Im Jahre 2012 erhielt Blöß den Deutschen Biografiepreis für seine Reihe. Es gibt inzwischen 34 Kleinformate (10,7 x 14,3 cm) à Heft 3,00€, zusätzlich zwei davon als Großformate (17 x 24 cm), Softcover à 5,00€ und zehn davon als Großformate (17 x 24 cm), Hardcover à 10,00€.

Neu: 1. Sammelband 5 Künstlerinnen: 17×24 cm, Hardcover à 20,00 €: „Frauen in der Kunst"

Kontakt: Willi Blöß Verlag, Aachen, www.kuenstler-biografien.de

Liebe mit Schwierigkeiten – Was hält uns gesund?

Psychische Gesundheitsprobleme haben einen starken Bezug zu unserem Alltagsleben. Sie entstehen aus den gesellschaftlichen und persönlichen Rahmenbedingungen und schreiben sich darin fort. Häufig verursachen psychische Gesundheitsprobleme großes persönliches Leid. Auch Angehörige können beim Begleiten einer betroffenen Person in einen Strudel der Hilflosigkeit geraten.

Matthew Johnstone, ein australischer Zeichner, Illustrator und Redner, hat sein Grundproblem Depression zu seinem Lebensthema gemacht. Er schreibt auf seiner Webseite, dass das, was er tue, „flow" (Fluss, Strömen) sei. FLOW bezeichnet nach M. Csíkszentmihályi ein selbstvergessenes Glücksgefühl bei der Arbeit. Das Wort bedeutet auch Redefluss. Das passt ebenfalls gut, denn Johnstone hält Reden über psychische Gesundheit und über das Wohlsein an sich vor Firmen und Versammlungen. Mit diesen Vorträgen möchte er die Konversation zwischen den Zuhörerinnen und denen fördern, die ihnen am wichtigsten sind. Johnstone brachte im Jahr 2015 ein Buch mit dem Thema „Resilienz[63]. Wie man Krisen übersteht und daran wächst" heraus.

Seine Absichten findet Johnstone am besten bei Mark Twain ausgedrückt: „Wenn du Arbeit machst, die du liebst, wird dein Beruf/deine Berufung ein Urlaub." (übersetzt H.O.) Das Zeichnen wie das öffentliche Sprechen sind für ihn Lebenslust. Über ein so schweres und verbreitetes Problem wie Depression mit diesem Grundgefühl zu sprechen ist sehr wichtig für und in unserer Gesellschaft.

Im Jahr 2005 überreichte Matthew Johnstone seinem Verleger sein erstes Buch „Der schwarze Hund". Das ist das Bild, das er für sich gefunden hat. Er nennt seine Depression „Schwarzer Hund". Das Buch wurde zum Bestseller und ist inzwischen in über 20 Ländern erschienen. Es folgte das Buch mit dem Titel: „Mit dem schwarzen Hund leben", das mir in die Hände kam. Die Zeichnungen darin sind eindrücklich und stark auf das Wesentliche reduziert. Der Hund liegt ganz süß unter dem Bett, auf dem der depressive Mann tief und endlos schläft – mit Augen zu und Pfötchen

hoch. Es wird von „überwältigender Müdigkeit" gesprochen, die einer
Angehörigen neben anderen Anzeichen auffallen könnte. Das „Leuchten
aus den Augen [könnte] verschwunden" sein – die Partnerin hält auf der
Zeichnung unerfreut-staunend zwei strahlende Diamanten in der Hand.
Im Kapitel „Was man **nicht** sagen oder tun sollte" stehen zu vermeidende
Aussprüche („Sei ein Mann!") und es wird erklärt, warum solche Sprüche
nicht hilfreich sind („Niemand hat freiwillig eine Depression."). Darüber
hinaus gibt Johnstone Tipps, auf welche Weise mensch Gutes tun kann. Der
Tipp, das Leben einfacher zu gestalten („Weniger Stress, weniger Hund")
ist bildlich sehr eingängig dargestellt: Der Depressive zieht das T-Shirt mit
den Hunden darauf aus. Seine Partnerin hält ihm das T-Shirt mit den auf-
gedruckten Worten „EINFACH, EINFACH!" zum Wechseln hin. Die beiden
gehen zusammen zum Arzt. Den passenden Arzt zu finden kann schwierig
sein. Des Weiteren gibt es Hinweise, wie mensch sich selbst schützen kann:
Mit den Worten „Mehr kann ich nicht tun!" wirft der Mann der im See fast
versinkenden Betroffenen (Angehörigen!) einen Rettungsring zu – mit der
Aufschrift „Empathie" und „Verständnis". Eigene Grenzen muss mensch
dringend in Selbstachtsamkeit wahren.

Ein interessanter zeichnerischer Kniff ist, dass mal die Frau, mal der
Mann auf der Zeichnung down ist. Es geht ja auch um Angehörige in diesem Büchlein. Die Angehörigen können ebenfalls beeinträchtigt und down
werden vom Mitleben-Müssen der Depression eines geliebten Partners.

Der Autor und Zeichner Johnstone zitiert auf seiner Webseite Viktor
Frankel: „Wir haben absolut keine Kontrolle darüber, was uns in diesem Leben passiert, aber worüber wir höchste Kontrolle haben, das ist, wie wir auf
die Ereignisse reagieren." (übersetzt H.O.) Für den Fall, dass die Depressionen schwerer werden, sind einige Ideen als „Plan B" aufgeführt. Am Ende
des Buches gibt es eine Auflistung von professionellen Hilfsangeboten und
weitere Anlaufadressen, die interessant sein könnten, wie zum Beispiel
Kirchen oder Universitäten. Auch Literatur und Websites sind angeführt,
natürlich in dem mir vorliegenden Buch für den deutschsprachigen Raum.

Ergänzend zu diesem Buch findet es die Rezensentin wichtig auf Folgen-
des hinzuweisen: Es gibt leider auch so schwere Depressionen, dass die/der
Betroffene nur sehr schwer Hilfe annehmen kann. Spätestens dann muss
eine Angehörige sich selbst ebenfalls Hilfe holen. Es gibt auch Selbsthilfe-

gruppen für Angehörige. Wer es noch genauer wissen will, kann sich mit
der Akzeptanz- und Commitmenttherapie (ACT) auseinandersetzen, sie
werden in dem Buch „Das Leben Annehmen" von Matthias Wengenroth
leicht verständlich beschrieben.

„Du musst dünn sein" – die Tyrannei des Inneren – oder des verinnerlichten Äußeren?

*„damals (1860) war die magere
Eckigkeit noch nicht modern."*

Bertha von Suttner (1902)

Im Laufe des 20. Jahrhunderts mit der wachsenden Macht der Medien wurde es immer moderner, schlank zu sein. Im Jahr 1946 wurde zum Beispiel die Comicfigur P´igell (von einem Mann!) mit Wespentaille kreiert. Heutzutage ist schlank sein so modern, dass der Schlankheitswahn zu Magersucht und anderen Erkrankungen führt. Auch im Medium Comic wird das Thema wie viele Behinderungsformen heute – vor allem von Frauen – thematisiert.

Im Jahre 2009 erschien in London das Buch „Du musst dünn sein – Anna Tyranna und der Kampf ums Essen". Geschrieben hat es die kanadische Kinderbuchillustratorin Lesley Fairfield. Es ist autobiografisch und sehr ergreifend. Der Comic wurde zwei Jahre später ins Deutsche übersetzt.

Das nur gut 100-Seiten lange Comicbuch liest sich flüssig. Ich hatte es schnell durchgelesen. Das Thema und die Zeichnungen faszinieren mich. Die geschwungenen Linien der in schwarz-weiß gezeichneten Figuren zieht eine durch ihre kringelige und dadurch irgendwie wenig festbindende Form in das Buch hinein und beständig voran. Andererseits sind die Linien auch Fäden und die können durchaus zum Anbinden genutzt werden … Selbst die Gabel bewegt sich engspiralig-gezielt auf „nur noch eine Erbse" zu. O-Ton der magersüchtigen Inka M.: „Essen kannst du später noch. Etwas trinken reicht doch auch und spart Zeit."[64]
Anna ist ein normales, ganz hübsches Mädchen, dem man die Hilflosigkeit über die Sicht auf sich selbst gut abnimmt. Besonders eindrucksvoll ist die Ansicht ihrer wachsenden Brust mit BH-Größe (auf dem Spiegel steht oben in der Ecke: „Spiegel lügen nicht!"). Die Mama und die Lehrerin sagen

zu Anna, jede sei auf ihre eigene Art schön. Diese Realität kommentiert Anna innerlich mit „Zum Gähnen!" und wehrt sie ab.

Tyranna ist eine bizarre, skelettartige Figur, ist ein Dämon, der erst kurz vor der Mitte des Buches auftaucht und Anna verfolgt. Tyranna hat gar keinen Körper, besteht nur aus Strichen und Kringeln. Obwohl Tyranna nur angedeutet ist, sitzt sie schwer Huckepack auf Annas Nacken. Später wird sie so dominant, dass sie Anna zu verschlingen droht. Öfters sind durchtillernde Augen sowie weinende Gesichter nur als Linienkonturen gezeichnet. Tränen werden mit umgebenden Regentränen ergänzt und deuten das „Ich" kurz vor dem Zerfallen an.

Tyranna wird schnell lebensbestimmend. Konzentrationsstörungen führen zum Schulabbruch, der Freund erkennt die Magersucht und verlässt Anna, da sie abstreitet. Ein Arbeitsplatz im „Zum traurigen Café" mit lauter anderen dünnen Mädchen scheitert. Bulimische Phasen ergeben sich. In einer Selbsthilfegruppe jammert eine Dicke: „Ich fühle mich so unsichtbar!" Und die Dünne daneben: „Ich auch!" Obwohl im Raum in Großbuchstaben vielfach „LIEBE" verstreut steht, klappt dieser Versuch sich selbst zu helfen nicht. Jene obige Inka M. wunderte sich ebenfalls in der Selbsthilfegruppe, was der erkennbare Auslöser für ihre Erkrankung hätte sein sollen: Warum bin ich so? O-Ton Inka M.: „Was hatte ich vorzuweisen? Kein besonderes Leiden? Alles zu glatt gelaufen? Ich fühlte mich fehl am Platz …"

Es geht für Anna stark um Kontrolle über sich selbst. Solch „Kontroll- und Sicherheitszwang" (Inka M.) engt ein. Auch Anna hätte sich fragen können: „Ich habe mich sehr knapp gehalten, um die Grenzen des Lebens zu spüren … Wofür?" (Inka M.)

Ihre Ärztin, Dr. Moon, schickt Anna schließlich in ein Therapiezentrum. Dort endlich findet sie in angeleiteten Übungen mit Peers, also anderen Esssuchtbetroffenen, zu sich. Beeindruckend ist gleich die erste Aufgabe, bei der die Mädchen sich gegenseitig auf Packpapier legen und ihre Umrisse zeichnen. Mit gemeinsamem Lachen und Schreiben als Methode rettet sich Anna. „Das Leben schmeckte wieder!" (Inka M.) Am Ende sagt Tyranna zu Anna: „Und wie siehst du nun aus?? Stinknormal." Surreal sticht empört ein Kringel aus Tyrannas Auge. Anna schreibt einen Abschiedsbrief an Tyranna. Diese verliert den Bezugsrahmen im Panel sinnbildlich für den Bezugsfaden zu Anna, fällt, glättet und läuft sich zu einem dünnen, liegenden Strich aus.

Lesley Fairfield hat sich „in erster Linie die eigene Geschichte von der Seele gezeichnet“. Diese Autobiografie ist als Graphic Novel anstatt als Roman ausgeführt. Das Medium bot sich aufgrund der überwiegend visuellen Form und der zeichnerischen Fähigkeiten Ms. Fairfields geradezu an – sie hatte vorher in der Werbung gearbeitet.

Das Comicbuch ist eine super Einführung für einen ersten guten Zugang zum Thema. Es kann für Heranwachsende, Pubertierende, für Eltern und Mitarbeiterinnen in Schulen und im Gesundheitswesen hilfreich sein. Eine Therapeutin berichtet sogar sinnvollerweise im Internet, dass sie es ihren Klientinnen in die Hand drücke. Das Comicbuch öffnet das Innen und hilft sehr gut beim Lösungen suchen und finden.

„Lauras Lied" – „Mein Schrei ist zu eurem geworden."

*„Es gibt Texte, die schreibt
man nicht, die schreit man."*

Amélie Sarn

„Ich lache, schallend." Mit diesen ermutigenden, befreiten Worten endet eine sehr schwierige Geschichte von Kindesmissbrauch. Es handelt sich um einen Überlebensbericht, zugleich den Bericht einer Selbstheilung.

Der zugrundeliegende Roman „Elle ne pleure pas, elle chante" (Sie weint nicht, sie singt.) ist der erste Erwachsenenroman der erfolgreichen französischen Kinder- und Jugendbuchautorin und Übersetzerin Amélie Sarn. Amélie Sarn wurde im Jahre 1970 geboren. Der Roman erschien im Jahre 2002. Bereits zwei Jahre später wurde er in das Graphic Novel-Format gebracht (deutsch 2011). Eine Frau berichtet und zwei Männer fühlen sich in die persönliche, intime Geschichte ein. Im kurzen Vorwort dankt die Autorin mit vollem Herzen sowohl dem Szenaristen als auch dem Zeichner, dass sie sich und ihre Geschichte in der künstlerischen Umsetzung als angemessen dargestellt empfindet.

In vier Kapiteln wird Lauras Familienleben aufgerollt. Es gibt neben Laura, Amélies Alter Ego, die Eltern, zwei Brüder, den Onkel, dessen Frau und die Oma. Der Vater liegt nach einem Autounfall im Krankenhaus im Koma. Er „ist 1.85 Meter groß, er hat einen Bauch („wiegt an die 120 Kilo") und hat einen roten Bart, blaue Augen, kälter als eine Messerschneide und ein Lachen, das ich hasse." Logisch bei der Beschreibung, dass Laura auf diese Nachricht von dem Unfall des Vaters zuerst mit „Freude. Unsägliche Freude." reagiert. Die Familie trifft sich im ersten Schock zuhause in Saint-Malo. Die unterbrechenden Panelbilder – der knall-orangene Goldfisch, die sanft-orangene Katze, das Halma-Spiel, die sprachlose Teetasse – alle ruhend, wartend – setzen einen Grundton.

Laura traut sich als erste aus der Familie zusammen mit dem Hausarzt Dr. Rousselin in das Krankenhaus. „Da liegt mein Vater. Kein Zweifel. (…) Mein lebenslustiger Vater, fast tot." Wie oft hat sie ihm den Tod gewünscht; „sie lebt. Lebt." Das Dämmerlicht bei dieser ersten Begegnung wirkt auf drei breiten Panels auf jeder Seite blaugrün wie Goldfischwasser. Sie weint. Den Hinweis der Krankenschwester, dass es gut wäre den Vater regelmäßig zu besuchen und zu ihm zu sprechen, teilt Laura der Familie nicht mit. Später fordert diese Krankenschwester Amélie zu gründlicher Selbstfürsorge auf: „… achten Sie vor allem darauf, dass Sie sich selbst pflegen. Gehen Sie gut mit sich um." Ein Rat, den Laura befolgt.

Laura nutzt den komatösen Zustand des Vaters, der ihr zuhören muss ohne sich wehren oder anders reagieren zu können, für sich. Sie kommt ihn zweimal in der Woche besuchen. „Du kannst dich nicht rühren, Mistkerl." In „Du"-Anrede überlegt Laura laut, wie die nächtlichen Besuche für ihn gewesen sein könnten: „Oder dachtest du gar: ´Ich kann nichts dafür, ich bin der Leidtragende.´" Während der Zwiesprache mit dem Vater lernen wir diesen kennen. Laura beschreibt, was er getan hat, wohl vom Alter sechs an? Laura erinnert sich nicht mehr genau. Nicht jede Nacht, aber oft genug. (O-Ton der Autorin Irmgard G. aus dem IRRTURM, einer Bremer Zeitschrift für Menschen mit psychischen Gesundheitsproblemen, mit derselben Erfahrung: „Immer kommt der Vater, in der Nacht, oder morgens, oder am Tage, wenn gerade keiner in der Nähe ist. (…) von diesem großen Ding, ´das darfst du keinem sagen, das ist nur unsers´. Das soll Trost sein? Das ist lieb haben, das sagt er, immer wieder.") Wohl bis elfeinhalb? „Hör deine eigene raue Stimme, du Schweinehund." Diese Textstellen mit Beschreibungen der Tat des Vaters sind bildlich unterlegt mit einem Drachen auf rotem Untergrund sowie der Hand und dem Arm, die langsam Stück für Stück durch das Bild gerückt werden. An anderer Stelle, als Laura die Taten weiter beschreibt: immer dasselbe Bild, die Treppe auf ihre immer geschlossene Zimmertür zu.

Der Vater hat Laura das Schluchzen verboten, damit die Mutter nichts mitbekomme. Diese Heimlichkeit, in der solche Mädchen eingesperrt sind – bei dem Bremer Verein Schattenriss, der anonym telefonisch und per Mail Mädchen mit sexuellen Gewalterfahrungen berät, sind 40 % (!) der Nutzerinnen von deren Onlineberatung akut in einer Missbrauchssituation und haben niemanden zum Sprechen. Sie wissen nicht, wie sie sich in dieser Abhängigkeitssituation verhalten können. Einmal – Laura überwand sich an dem Tag, zum Krankenbett zu kommen: „So ein Geheimnis für sich zu behalten, ist hart." Sexueller Missbrauch ist auch heute noch ein Tabuthema. Häufig wird Mädchen nicht geglaubt, die die Tat trotz Verbot oder Androhung von Strafe aussprechen. „Ereignisse, über die keiner spricht, haben nicht stattgefunden."

Als die Mutter auf einer der ersten Seiten im dritten von den sechs Panels zur Tochter sagt: „Er war doch kein schlechter Mensch …", steht diese wortlos auf und geht. Sie lässt die Mutter sitzen, so wie diese sie damals allein ließ – im Stich ließ. Laura stellt Fragen, macht keine Vorwürfe: „Wie konntest du das Offensichtliche übersehen? Warum hast du mich nicht beschützt?" Und auch das als Frage: „Wie sehr habe ich sie dafür gehasst?" (O-Ton Irmgard G.: „(…) einmal schreibt sie [die Mutter] sogenannte Memoiren, da steht es doch tatsächlich drinne, alles hat sie gewusst, was dem Mädchen angetan wurde." Es ist unfassbar, dass diese Mutter sogar das Mädchen dem betrunkenen Ehemann regelrecht zugeführt hat, und zwar: damit sie selbst die Schläge nicht abbekommt …!)
Laura beschreibt, dass sie noch heute das Gefühl habe, neben ihrem Leben und sich selbst zu stehen. (O-Ton Irmgard G.: „Irgendwann geht es weg, es ist nicht da, es ist ´weggegangen´." – „Das Mädchen war eigentlich die meiste Zeit nicht mehr da. Das war ja die Lösung bis jetzt gewesen (…).") Mit Männern hat Laura nie eine Beziehung aufbauen können. Sie erzählt dem Vater im Koma, wie sehr sie aktives „Ficken" genießen könne. Dabei fühlt Laura sich wie eine hässliche Puppe mit „zerbrochenem Inneren", welches „kein normales Leben" ermögliche. (Irmgard G.: „(…) dann merkt sie, dass andere in ihrem Alter irgendwie anders sind, (…) ist das nicht bei allen so gelaufen?") Auch ihre Liebe für ihn – und seine für sie – fällt ihr ein. Und am Ende sind sie „quitt", der Hass „hat sich erschöpft". Am letzten Tag am Bett des Vaters denkt/spricht sie die für sich heilsamen Gedanken: „Ich will das kleine Mädchen nicht mehr wegschicken, ich werde es akzeptieren. Es hat auch ein Recht zu leben, zu lachen."
Lauras Gedanken, das Gespräch mit dem Vater, sind am oberen Rand der Panels auf schwarzem Hintergrund in weiß festgehalten. Ohne – hier viereckige – Sprechblasen angeordnet, ist mir nicht klar, ob die Gedanken nur gedacht oder ausgesprochen sind? Die Zeichnungen sind einfach und plakativ. Alles wirkt statisch-unbewegt, selbst der Goldfisch-in-nah, der in einem Panel zwischen zwei andere geschaltet ist.

Im Epilog berichtet Laura von ihrem Umzug aufs Land, von der Einsamkeit, von der neuen grauen Katze, schließlich von den Anrufen der Mutter, in denen beide so tun, „als würden wir uns füreinander interessieren" – diese Off-Erzählungen weiß auf schwarzem Hintergrund, wie Lauras Monolog vorher. Ihre Mutter erzählt, dass der Vater aufgewacht sei. Lauras erster besorgter Gedanke: „Werde ich den Mut haben, ihn zu fragen, ob er sich an meine Reden erinnert? Wird er auch jetzt noch harmlos sein?" wird ebenfalls in weiß auf schwarzem Hintergrund gestaltet. Inhaltlich wird hier deutlich, dass Laura tatsächlich, neben dem Vater sitzend, gesprochen hat. Die Sorge erweist sich als überflüssig: Die Mutter sagt, dass der Vater sich an gar nichts mehr erinnern könne, nicht einmal an die eigene Familie.

So hat Amélie/Laura mit diesem Vorgehen – der Erzählung am Krankenbett, an einen im Koma liegenden Täter gerichtet – vor allem sich selbst geholfen. Nach dieser künstlerischen Bearbeitung ihres Themas durch Eric und Thierry sei sie „nicht mehr allein". Sie fühlt sich beschenkt. „Mein Schrei ist zu eurem geworden." Auch Irmgard G. schreibt am Ende ihres Überlebensberichts:

„Schluss mit dem Teufelskreis./Ich habe ihn durchbrochen./Ich rede.// Und allen anderen Frauen, denen so etwas passiert ist und noch passiert, möchte ich Mut machen.//Steht auf. Sagt, schreit, redet, malt, formt, stellt es dar, was passiert ist.//Wir sind nicht allein, lasst euch durch nichts entmutigen.//Steht auf, schreit es in die Welt."

So erschütternd es ist: Erfahrungen mit solcher Art brutaler, zumeist innerfamiliärer Gewalt hat in unserer Gesellschaft jedes fünfte Mädchen. Das Buch „Lauras Lied" gehört in jede Therapeutinnen-Praxis und in Beratungsstellen für Frauen und Mädchen mit sexuellen Gewalterfahrungen oder Belästigungen. Es sei eher Vorsicht geboten bei Frauen/Mädchen, die erst beginnen, sich mit dem Lebensthema für sich auseinanderzusetzen, wurde mir berichtet.

Bundesweit geschaltetes **Hilfetelefon** bei Gewalt gegen Frauen:
08000116016, rund um die Uhr mit 15 Sprachen besetzt
Bundesweit geschaltetes **Hilfetelefon**
Sexualer Missbrauch: **08002255530**

Don Quijote, Ritter von der traurigen Gestalt – „fortgerissen von seiner erfinderischen, unerhörten Verrücktheit"

„… nicht jeder hat so viel Verstand,
um eine Sache am richtigen Ende anzufassen."

Miguel de Cervantes

„Beseligt und hochbeglückt waren die Zeiten, wo der kühnste aller Ritter, Don Quijote von der Mancha, auf die Erde gesendet ward. Denn weil er den so ehrenhaften Entschluß hegte, den bereits verloren gegangenen und schier erstorbenen Orden der fahrenden Ritterschaft neu zum Leben zu erwecken und der Welt wiederzugeben, so genießen wir jetzt in unserm Zeitalter, das ergötzlicher Unterhaltung so sehr ermangelt, nicht nur die Lieblichkeit seiner wahren Geschichte, (…)" (Cervantes, dtv, S. 269).

Dieser zweiteilige Klassiker, im Original „Der sinnreiche Junker Don Quijote von der Mancha", aus den Jahren 1605 und 1615 hatte einen grundlegenden Einfluss auf alle späteren europäischen Romane. Daher wurde der hier besprochene Comic in der französischen Reihe mit hergestellt, die Brockhaus als „Weltliteratur im Comic-Format" übersetzt hat. Die Klassiker sind auf je circa 45 Seiten heruntergebrochen und mit einem leicht verständlichen Anhang zum Autoren, zu seinem Werk, zu diesem Roman und zur historischen Einbettung versehen.

Die linke Hand des Autoren Miguel de Cervantes (1547-1616) war aufgrund einer Schussverletzung im Krieg gelähmt. Seine vielfältigen Lebenserfahrungen – Diener eines Konsuls in Italien, Soldat, von Piraten als Sklave nach Algerien entführt, Steuereintreiber – flossen in den Roman ein. Im Jahre 1614 kam eine nicht autorisierte Fortsetzung von einem gewissen de Avellaneda in Tordesíllas heraus. Cervantes war empört! Ein Jahr später erschien sein zweiter Romanteil, in dem er de Avellaneda sogar als Kunstgriff auftreten lässt. Das Gesamtwerk umfasst 126 Kapitel auf 1.100 Seiten, mit ausufernden Nebengeschichten.

Natürlich kann ein solch großes Werk nicht komplett auf 50 Seiten bildlich dargestellt werden. Es ist ein spannendes Unterfangen, den Originalroman neben dem Comic zu lesen. Häufig ist ein ganzes, 15 Seiten umfassendes Kapitel auf eine Seite reduziert. Auf S. 41 steht oben anfangs der Satz: „Viele weitere Abenteuer schmückten den Bericht [bis zur Ankunft in Barcelona]." (Brockhaus) Mit diesem kurzen Satz sind 49 gestrichene Kapitel umfasst!

Das im Jahr 1956 übersetzte Original-Buch enthält eine sehr hübsche, der Schaffenszeit angemessene Sprache. Viele Sätze sind wörtlich übernommen. Jedoch sprachliche Feinheiten gehen verloren. „Zierat" ist mit „Schmuck", die „Examinatoren" sind durch „Untersuchenden" ersetzt. „Insel" heißt bei Cervantes „Insul", „gelehrter" heißt „gelahrter". Die Kapiteltitel klingen sehr kunstvoll: „Von dem noch nie erhörten und noch nie gesehenen Abenteuer, welches selbst der vortrefflichste Ritter auf Erden nicht mit so wenig Gefahr bestanden hätte als der mannhafte Don Quichote von der Mancha" oder: „Wo tausenderlei Kleinigkeiten erzählt werden, sämtlich ebenso bedeutungslos als wichtig für das Verständnis dieser großen Geschichte" – Titel, die alles besagen könnten.

Don Quijote möchte so viele Abenteuer wie möglich erleben. Mit diesen wollten die Ritter fast immer eine Frau beeindrucken, sie hofften auf deren Liebe. Ehre, Demut und Treue waren die wichtigsten ritterlichen Tugenden. Häufig waren die Abenteuer voller Gefahren – bei Turnieren starben bis zu 40 Teilnehmer, dennoch haben tapfere Ritter an bis zu 100 Turnieren im Jahr teilgenommen.[65]

Don Quijote hatte alle Ritterromane seiner Zeit gelesen. Dann hat er sich selbst umbenannt, sein Pferd nannte er „Rosinante" (span. rosín ‚Klepper' und antes ‚früher'[66]) und seine Angebetete, eine sehr hübsche Bäuerin aus dem nahegelegenen Dorfe Toboso, Dame „Dulcinea von Toboso". Er strebte nun auf Reisen – von der Mancha, eine Region südlich von Madrid, bis Barcelona am Mittelmeer – den „Hilfsbedürftigen [zur Seite zu stehen], so meines Beistandes und Schutzes bed[ürfen]" (S. 41). Die Zeit der Ritter – das Wort ‚rîter' taucht im 11. Jahrhundert das erste Mal auf[67] – war im Jahre 1600 schon lange vorbei.

Der Roman war als Parodie auf die Ritterschaft angelegt. „Meine Absicht war keine andere, als den Abscheu aller Menschen gegen die fabelhaften und abgeschmackten Geschichten der Ritterbücher zu wecken, welche durch die meines wahren Don Quijote bereits ins Straucheln geraten und ohne Zweifel ganz zu Fall kommen werden." (dtv)

Ins Straucheln geraten ist erst einmal Don Quichote selbst mit seinen Empfindungen und Gedanken. Der verarmte Hidalgo[68] Alonso Quijano hatte sich in seine Romane hineingesteigert. Er putzte die Rüstung eines Vorfahren, die ihm, dem hageren, großgewachsenen, fast 50-Jährigen passte und bastelte sich selbst einen Helm. In der unzeitgemäßen Rüstung und aufgrund seiner geschraubten Sprache wurde er jedoch von allen für verrückt erklärt. Er ließ sich von einem Wirt, den er mit „Burgherr" anredete, zum Ritter schlagen. Dieser musste ihn zunächst vor einer Bande Maultiertreiber retten, die ihn mit Steinen bewarf. Dem Wirt wird der Satz in den Mund gelegt: „Er ist ein Narr und würde selbst dann freigesprochen werden, wenn er euch umbrächte!" (sowohl dtv als auch Brockhaus) Diese im Fließtext des Romans so stehende Aussage transportiert ein gängiges Vorurteil über Menschen mit psychischen Gesundheitsproblemen: Sie seien latent gewalttätig. Mir scheint dieser im Comic übernommene Satz für den Fortlauf der Geschichte überflüssig.

Das erste Gute, was Don Quichote tut, ist, einem Mann, den er „feiger Ritter" nennt, aufzuerlegen, dass er dem Knecht, den er schlug, den geschuldeten Lohn zu geben und ihn gehen zu lassen habe. Dann reitet er von dannen, in dem festen Glauben, dass der „Herr" sich an sein Wort halten werde. Das ist sehr verblendet und naiv von Don Quijote. Wie zu erwarten schlägt der „Herr" seinen Knecht weiter. Bei dem bekannten Kampf gegen die Windmühlen[69] sind die „Riesen" bildlich toll in roten Schuppengestalten dargestellt. Er nimmt die Windmühlen in seiner Realitätsferne als solche wahr. Als er, von den Mühlenblättern getroffen, gestürzt ist, glaubt er, ein feindlicher Zauberer habe „diese Riesen in Mühlen verwandelt" um ihm „den Ruhm des Sieges zu entreißen" (Brockhaus, S. 21). Das ist fatal für einen Ritter, der seiner „Herrin dieses mit Gefangenschaft bestrickten Herzens" mit „sich dieser euch lebenspflichtigen Brust" ergeben ist. Andererseits sendet er nach anderen Abenteuern die vermeintlich Geretteten nach Toboso zu Dulcinea, um ihr zu erzählen, „was ich für eure Befreiung getan habe" (Brockhaus, S. 24). Da es eine solche Dame, auch auf Nachfrage, vor

Ort nicht gibt, wäre sie durch die Befreiten doch nicht aufzufinden! Insofern ist Don Quijote schon im Wahn befangen. Die Szene auf S. 16/17, wo Don Quijote auf seinem Bett stehend gegen einen Don Roland ankämpft, weist ebenfalls auf psychotische Verkennung der Wirklichkeit, also Halluzinationen hin. Oder einfach nur auf fast bedrohlich-intensive Phantasien? Diese Szene, im Roman sehr viel später, wurde hierher vorgezogen. Sie ist bestechend gezeichnet, obwohl der Stil insgesamt, wie in der ganzen Serie, meiner Meinung nach nicht gut ausgeführt ist.

Für seine zweite Reise nimmt Don Quijote sich seinen Nachbarn Sancho Pansa, „mit wenig Grütze im Kopf" (dtv, S. 65, Brockhaus, S. 19), als Knappen mit. Dessen Bodenständigkeit ist ein guter Gegenpol zu seines Herren Weltfremdheit. Die beiden halten in großer Treue zueinander und führen hoch philosophische Gespräche. Einerseits nähert sich Sancho Pansa an Don Quijotes Welt an, andererseits wird sein Herr auch von anderen als klug philosophierend empfunden. Nur wenn es um Rittersachen geht, scheint sich die „Dichtung mit dem Geist des Lesers [zu stark zu] vermählen" (dtv, S. 495). Jener, der diesen Satz sprach, vermutet sogar „in [seinen] Narreteien ein System" (dtv, S. 518). Das deckt sich mit meiner Ansicht, dass jeder Wahn, jede psychotische Episode einen Sinn hat.

Kurz vor seinem Tod erkennt Don Quijote den „Unsinn und ihre Versuchung" der „abscheulichen Ritterbücher". „Mein Verstand ist hell und klar, frei von den umnebelnden Schatten der Unvernunft". Er würde nun gerne andere Bücher lesen, um seine „Seele zu erleuchten" (alle Brockhaus, S. 50).

In meinen Augen war Don Quijote erleuchtet und ein ganz Besonderer in seiner Zeit. Dass Sancho Pansa ihn „Ritter von der traurigen Gestalt" (dtv, S. 162) nennt, nachdem Don Quijote nach einer Niederlage matt im Schlamm gelegen hatte, und dass Don Quijote für sich diese Benennung annimmt (!), bestätigt das nur. Miguel de Cervantes hat mit seinem zeitlos wunder- und kunstvollen Roman bewiesen, dass Don Quijote mutiger als ein normaler Ritter ist. Die Umsetzung im Comic ist insgesamt ebenfalls brillant gelungen.

Magazin „Spring" mit jährlich neuem Thema – „Arbeit" im Jahr 2018 – Burnout ist heilbar

Das Hamburger Frauenkollektiv „Spring" besteht seit dem Jahr 2004. Es ist „ein solides und wichtiges Netzwerk für Zeichnerinnen in Deutschland"[70]. Das Magazin ist selbstverwaltet und nicht-kommerziell.[71]

Warum hat das Kollektiv sich für diesen vorwärts gewandten und bewegten/bewegenden Titel entschieden? Dazu Larissa Bertonasco, die von Anfang an dabei war und im vorliegenden Band mit zwei Geschichten vertreten ist: „Der Name entstand ja in den Vorbereitungen für die erste Ausgabe und wir hatten ziemlich viele Vorschläge, letztendlich war es dann ein Kompromiss und eine Mehrheitsentscheidung. Wir fanden es ganz gut, dass der Name etwas Dynamisches hat – also eher das deutsche: Los, komm, spring! Rein ins Leben! als der englische Frühling … Wobei wir eine gewisse Doppeldeutigkeit vielleicht auch ganz gut fanden, dass es so gleichzeitig auch im Englischen funktioniert. Letztendlich wachsen ja irgendwann der Name und das Projekt zusammen."[72] Dass der Titel auch mit dem englischen Frühling klappt, ist insofern wichtig, da die Sammelbände der Frauengemeinschaft zweisprachig konzipiert sind. Jeweils im September erscheint das Magazin.

Das Frauenkollektiv „Spring" hat sich für seine 15. Ausgabe im Jahr 2018 für das Thema „Arbeit" entschieden. An der vorliegenden Ausgabe haben sich 13 von über 40 Zeichnerinnen aus aller Welt beteiligt.

Der erste Beitrag von Stephanie Wunderlich befasst sich mit der geschichtlichen Entwicklung, was Arbeit ist: Auf S. 10 ist ein Podest aus den drei Worten FLEISS, MÜHSAL und TÜCHTIGKEIT abgebildet, darauf ein Männerkopf mit verkniffenen Lippen und geschlossenen Augen, konzentriert-schwitzend. Aus dem Kopf ragen beidseitig Arme, die Tastaturen, Hammer und anderes in den Händen halten. Auf beiden Seiten neben dem Podest beten je drei Frauen und Männer die Tätigkeiten an. Darunter steht kleingedruckt: „DAS CHRISTENTUM ADELT DIE ARBEIT ALS GUT UND GOTTGEWOLLT." Der 13-seitige Beitrag endet mit „SO VIELE SCHWIERIGE FRAGEN … ICH BRAUCHE JETZT ERSTMAL EINE KAFFEEPAUSE." Das Ende dieses Beitrags ist ein guter Anfang für ein Thema, das in

Deutschland einen hohen Stellenwert hat. Über ihre Tochter erzählte eine
Freundin, dass sie in dem Call-Center, in dem sie arbeitete, für jeden Toilettengang auschecken musste – Privatzeit! In Chile lobte sich bereits ein
Supermarkt dafür, dass er für seine Kassiererinnen Windeln stellt[73], „weil
sie während der Arbeitszeit [neun Stunden] nicht zur Toilette dürfen."[74][75]
So etwas ist unmenschlich. Auf Bedürfnisse nimmt die Arbeitswelt auch
heute noch zu wenig Rücksicht.

Es werden Themen wie Klassengesellschaft („Die Mauer" von der Zeichnerin moki) und der auf 54 Tage begrenzte Ablauf eines Arbeitsbienen-
lebens aufgegriffen. In der märchenhaften Bearbeitung „Die drei Spinne-
rinnen" führt Frauensolidarität dazu, dass der Prinz seine Gattin vor dem
Flachsspinnen schützt – dafür darf sie nun im weiblichen Traumberuf
„Mutter" fünf Kinder gebären.[76] Im Beitrag „Schippendales" von Katharina
Gschwendner werden die Geschlechterverhältnisse im wahrsten Sinne des

Wortes „auf die Schippe" genommen: Auf dem ersten Bild gebärt eine Frau eine Schippe.[77] Im Schlussbeitrag, der drittlängsten Geschichte im Buch, schließt sich der Bogen: Es geht wieder um das Pausenbedürfnis.

Diesmal ist es sozusagen eine lange Pause, die nötig ist. Der Titel des autobiografischen Beitrags von Larissa Bertonasco ist „BURNOUT". Nach einer Kindheit mit dem traurigen Grundgefühl, „dass es nicht reichte, einfach nur auf der Welt zu sein, um geliebt zu werden", folgte eine Jugend mit dem „Zeichnen [als] meine Droge …". Larissa Bertonasco machte das Illustrieren zu ihrer Erwerbsarbeit. Dass sie diese Kunst meisterinnenhaft beherrscht, sieht frau direkt live in diesem Beitrag. Dennoch: „Trotzdem ging es mir nicht gut, (…)." Von roter Schrift in der ersten Sprechblase oben links wechselt die Farbe im Text-Verlauf der mittleren Sprechblase ins Dunkle hinüber, um in

Larissa Bertonasco

der dritten Sprechblase den verinnerlichten Leistungsdruck in schwarzer Schrift aufzuzeigen: Den (zwanghaften) Wunsch gefühlte Unzulänglichkeit auszugleichen, indem sie sich „einfach noch mehr anstrengte, um immer besser und irgendwann perfekt zu werden!" Die Unstimmigkeit zwischen dem inneren und dem äußeren Dasein wird dargestellt: In dem roten Sonnenstrahlen-Auge neben einem blauen Tränen-Auge erkannte ich eine Parallelität zu meiner Schaufel eines Psycho-Kollegen. Diese steht auf meinem Balkon. Auf ihr tränt allerdings auch das Sonnenstrahlen-Auge hell. Auch das Gefühl, trotz allen Scheines „ein elendes Häuflein Nichts"[78] zu sein, kenne ich sehr gut. Die Krise und das Lernen sich selbst zu lieben nehmen immerhin die elf letzten Seiten des Beitrags ein. Es zeigt auf, dass ein Sich-und-den-eigenen-Weg-Suchen immer sehr zeitintensiv ist.

Dass sich Larissa Bertonasco traut dies Thema aufzugreifen, liegt unter anderem daran, dass es sich bei „Burnout" um die „Edeldiagnose" unter

den so genannten psychischen Erkrankungen handelt. Einfach „nur mal
zu viel gearbeitet haben" wird hoch angesehen. Das hängt mit der bundes-
deutschen Idealisierung von Erwerbsarbeiten zusammen. Wie Larissa
Bertonasco berichtet, stellt Burnout „keine wissenschaftliche Diagnose im
international geltenden Klassifikationssystem psychischer Erkrankungen
dar". Damit wird „eine ziemlich starke Erschöpfungsdepression" verbal
kaschiert und zugleich begrifflich aufgewertet. Nach einer 1-jährigen
Heilungsphase, während der Larissa Bertonasco mutig ihren ganz eigenen
Weg sucht, kann die Autorin ihrer auf dem Schoß sitzenden Tochter schon
andere Werte vermitteln: „Nur existieren reicht ja schon!" (S. 210) Und
das ist ein sehr positiv-zukunftsweisender Abschluss des Gesamtbuches:
Sowohl das Sich-selbst-lieben(-Können) ist vorwärtsgewandt, als auch
dass sie ihrer Tochter, der kommenden Generation, eben diesen Wert des
Sich-selbst-Liebens vermittelt! Der Beitrag wurde auch in der Oktober-
2018-Ausgabe der Frauenzeitschrift EMOTION abgedruckt.

Zugleich ist der Beitrag am Ende des Buches realistisch-zukunftsweisend:
Denn inzwischen hat knapp ein Drittel der Deutschen einmal im Leben
mit psychischer Erkrankung[79] zu tun. Nicht nur „Burnout" ist, wie dargestellt, heilbar. Auch bei einem Drittel der Psychotikerinnen bleibt es bei
einer einmaligen Episode. Durch die Tabuisierung des Themas sind solche
Fakten leider kaum bekannt. Durch den Mut einer „gestandenen" Frau wie
Larissa Bertonasco und anderer Betroffenen könnte sich dies in Zukunft
ändern.

Auch F.O.K.U.S. Bremen arbeitet an einer Öffnung innerhalb des Er-
werbsarbeitslebens, um mehr Teilhabe für mehr Menschen mit psychischen Beeinträchtigungen zu ermöglichen. Mit Unterstützung des Vereins
EXpertinnenPArtnerschaft (EXPA) mit Betroffenen, Angehörigen und
Profis und der Bremer Arbeitnehmerkammer werden im Arbeitskreis
„Genesungsbegleitung im Unternehmen" Wege gesucht, das vorhandene
Gesundheitsangebot für Mitarbeiterinnen zu ergänzen.[80] Mitarbeiterinnen
mit psychischen Störungen und ihre Angehörigen werden vor, während
und nach einer psychischen Krise unterstützt.

Seit dem Jahr 2015 erscheint das Magazin „Spring" im Hamburger mairisch Verlag. Leider sind „Spring"-Titel wie „Numéro 12, Privée" und „Happy
Ending" bereits vergriffen. Auch mit dem Thema „Sex" im September 2019
wird es ratsam sein sich schnell ein Exemplar zu sichern.

Fußnoten:

¹ *Viele Quellen sind ohne Angabe zitiert, jedoch bei der Autorin vorhanden. Näheres auf Anfrage bei der Autorin: h2oldenburg@gmx.de*

² *„Trauma and recovery. The aftermath of violence from domestic abuse to political terror.", Basic Books, New York 1992/1997, 2015; Deutsch: „Die Narben der Gewalt. Traumatische Erfahrungen verstehen und überwinden.", Droemer Knaur 1994, Kindler 1994, Junfermann, Paderborn 2003, 5. überarbeitete Auflage 2018*

³ *Menschen mit psychosozialen Gesundheitsproblemen/Expertinnen in eigener Sache können nach einer 1-jährigen Ausbildung ihre Fähigkeiten im normalen Erwerbsarbeitsleben einbringen. Siehe https://www.ex-in.info/*

⁴ *Wikipedia, 8. Februar 2012*

⁵ *„Ja, es war der Garten, der mir geholfen hat. Macht dich das nicht froh?" Übersetzt H.O.*

⁶ *Gleichartigen*

⁷ *psychoanalytischer Begriff für die Übertragung von Liebe von einem ursprünglichen auf ein neues Ziel*

⁸ *https://de.wikipedia.org/wiki/Melli_Beese, Zugriff 25. April 2020*

⁹ *https://de.wikipedia.org/wiki/Lene_Voigt, Zugriff 25. April 2020*

¹⁰ *Tod und Begräbnis von Kiki scheint widersprüchlich-unklar. Ich erinnere, dass ich im Jahre 2014 beim Schreiben des Artikels über sie bei Wikipedia in den drei Sprachen, die ich kann, mehrere verschiedene Sterbensorte und Besucherinnenzahlen beim Begräbnis fand. Selbst in der Graphic Novel von Catel u. Bocquet (Orig. 2008) ist die Unklarheit so verarbeitet: In der Chronologie findet sich der Satz: „Nur ihre alten Freunde Treize, André Salmon und Foujita kommen zu ihrem Begräbnis." (S. 383). In der bildlichen Bearbeitung stehen elf Personen an Kikis Grab (S. 371).*

11 https://en.wikipedia.org/wiki/Cimeti%C3%A8re_parisien_de_Thiais, Zugriff 15. August 2020

12 https://blogs.ancestry.de/cm/5-uberraschende-fakten-uber-marilyn-monroe/, https://de.wikipedia.org/wiki/Marilyn_Miller, beide Zugriff am 26. April 2020

13 https://blogs.ancestry.de/cm/5-uberraschende-fakten-uber-marilyn-monroe/, https://de.wikipedia.org/wiki/Marilyn_Miller, beide Zugriff am 26. April 2020

14 http://www.irremenschlich.de/portraits/19-hildegard-wohlgemuth-kuenstlerin, Zugriff 28. Januar 2018

15 Mail vom 28. Januar 2018

16 „Die Menschen machen ihre eigene Geschichte, aber sie machen sie nicht aus freien Stücken, nicht unter selbstgewählten, sondern unter unmittelbar vorgefundenen, gegebenen und überlieferten Umständen." (Karl Marx, Der 18. Brumaire des Louis Bonaparte, MEW 8/115, 1852, zit. nach „Marx für alle", Berlin 2004²)

17 ein zweites [anderes] Ich; http://www.erepro.de/info-und-diskussion/hildegard-wohlgemuth-und-ihre-kunst/, Zugriff 28. Januar 2018

18 Hildegard Wohlgemuth (Hgin.), „Frieden: Mehr als ein Wort", Hamburg 1981

19 Vermittelt über Dr. Heike Schulz, Leiterin des Kreativzentrums „Rote Katze" in Bayreuth, dessen Name an Hildegard Wohlgemuths Werk angelehnt ist.

20 https://irremenschlich.de/portraits, Zugriff 28. Januar 2018

21 Jean P. Sasson, „Princess: A True Story of Life Behind the Veil in Saudi Arabia", 1992, dt. „Ich, Prinzessin aus dem Hause Al Saud", „Ein Leben hinter tausend Schleiern", 1992 und „Princess Sultana's Daughters", 1994/5 (zitiert als: Sasson II), „Princess Sultana's Circle", 2002 und „Princess, More Tears to Cry", 2014 (s.u.)

22 Pseudonym

23 https://de.wikipedia.org/wiki/Dynastie_der_Saud, Zugriff 30. Januar 2017

[24] *Ein Beispiel für übertrieben-wahn-sinnige Auslegung des Koran erzählt Abdel-Samad: Salafistinnen (Wahhabiterinnen gehören dazu) in Ägypten verbieten gar, dass ein Mann sich auf den Platz im Bus setzt, von dem sich soeben eine Frau erhoben hat; die Noch-Wärme auf dem Sitzplatz könnte ihn erregen…! (Hamed Abdel-Samad, Der Koran, Botschaft der Liebe, Botschaft des Hasses, München 2016, S. 193/4)*

[25] *Von syrisch qiryan, Liturgiebuch der syrischen Christen um 650 n. Chr., arab. qur'an Rezitation (Abdel-Samad, S. 14)*

[26] *Das Wort Islam bedeutet: „Unterwirf dich dem Willen Gottes." (Sasson, S. 270; S. 261-288 erklärt den Koran und das Land samt Halbinsel. Saudi-Arabien ist mit 865.000km2 so groß wie Europa, inklusive der größten Sandwüste der Welt. Es hat nicht einmal 14 Millionen Einwohnerinnen.)*

[27] *http://www.focus.de/finanzen/news/tid-11574/ vermoegen-koenig-abdullah-bin-abdul-aziz_aid_326758.html, Zugriff 30. Januar 2017*

[28] *Ohne ihrer aller Freikauf würde der internationale Terror der IS nicht funktionieren. (Abdel-Samad, S. 131-33)*

[29] *Wikipedia, Zugriff am 2. Februar 2017*

[30] *Tatsächlich im Zeitraum 1996 bis 2001 unter den Taliban in Afghanistan praktiziert!*

[31] *Die Zeitung mit den großen Buchstaben…*

[32] *Ein schwarzes Außen-Kleidungsstück, von saudi-arabischen Frauen getragen (Sasson II, S. 340, übersetzt H.O.)*

[33] *Nach außen hin sei aber seit dem Jahr 1952 sogar für Nicht-Muslime Alkoholgenuss verboten.*

[34] *Bei der Paradies-Beschreibung im Koran werden sogar die Brüste der Huris (Jungfrauen) angepriesen: „'Siehe, für die Gottesfürchtigen ist ein seliger Ort, Gartengehege und Weinberge (Jungfrauen) mit schwellenden Brüsten.' (Sure 78:32-33)" (Samad, S. 53)*

³⁵ *„Wenn dein Gatte aus Honig ist, iss ihn nicht auf." (übersetzt von H.O.)*

³⁶ *Autofahren lernen ist genauso wie bei Kommunalwahlen mitzustimmen oder zu kandidieren erlaubt. In männlicher Begleitung dürfen Frauen am Schulsport teilnehmen sowie Sportstadien besuchen.*
https://www.t-online.de/leben/reisen/fernreisen/id_82328708/saudi-arabien-was-frauen-in-der-monarchie-duerfen-und-was-nicht.html , Zugriff 13. August 2020

³⁷ *Karla Kundisch, stundenlang Frühling, Dresden 2012*

³⁸ *„Ladies Night" ist eine Kabarett-Fernsehsendung der ARD, in der ausschließlich Frauen auftreten. Sie wurde von 2007 bis 2018 von Gerburg Jahnke moderiert. Seit dem Jahr 2019 moderieren abwechselnd Daphne de Luxe, Lisa Feller und Meltem Kaptan die Show. Ladies Night ist die einzige deutschsprachige Kabarett-Fernsehsendung in rein weiblicher Besetzung.*
https://de.wikipedia.org/wiki/Ladies_Night_(Fernsehsendung) ,
Zugriff 23. April 2020

³⁹ *Zitate aus Email-Verkehr mit der Autorin*

⁴⁰ *Phyllis Chesler, „Women and Madness, Revised and Updated for the first Time in Thirty Years, New York 2005" (11972); „Frauen – das verrückte Geschlecht?", Deutsch von Brigitte Stein, 1974. Bestseller. Die Ergebnisse des Buches über Frauen und Verrücktheit in den USA sind in meinen Augen auf Deutschland übertragbar.*

⁴¹ *Schätzungen inklusive Verbrechen und Kriegsfolgen: bis zu 80 Millionen Toten.*
https://de.wikipedia.org/wiki/Tote_des_Zweiten_Weltkrieges , Zugriff 29. April 2020

⁴² *Alle Zitate aus: Daniel Paul Schreber, „Denkwürdigkeiten eines Nervenkranken", nebst Nachträgen und einem Anhang über die Frage: ›Unter welchen Voraussetzungen darf eine für geisteskrank erachtete Person gegen ihren erklärten Willen in einer Heilanstalt festgehalten werden?‹ Mutze, Leipzig 1903/ Berlin 2003*

⁴³ *Hans Wollschläger und Ekkehard Bartsch*

⁴⁴ *Dieser Gedanke gehört auch zur Salutogenese, der Lehre davon, wie Gesundheit täglich entsteht.*

45 *Der Ehemann und Antisemit B. Förster hatte in Paraguay die Siedlungskolonie „Nueva Germania" gegründet. Nach dessen Selbsttötung mit 46 Jahren ebendort im Jahr 1893 kehrte Elisabeth nach Naumburg zurück.*

46 *http://sabineschirdewahn.de/2015/09/19/elisabeths-wille-rekonstruierte-sequenzen/, Zugriff 11. Juli 2020*

47 *Es fällt hier das interessante Wort „Drallkasten" für die Psychiatrie. Es gibt dieses Wort heute nicht mehr, online taucht es nur in einem Gedicht von H. Kipphardt auf [Juli 2019]. Drall „derb, stramm" ist niederdeutsch und kommt, wie das Wort „drollig", von dem Verb „drillen", dieses vom Verb „drehen". Das Hauptwort „Drall" hat unter anderem eine kriegsnahe Bedeutung: „die Windung der Züge in Feuerwaffen" (18. Jh.) sowie später „die Drehung des fliegenden Geschosses" (Herkunftswörterbuch Duden, Mannheim Zürich 1997).*

48 *https://de.wikipedia.org/wiki/Im_Westen_nichts_Neues, Zugriff 27. April 2020*

49 *P.E.N. = poets essayists novelists, 1921 gegründet*

50 *Aus: Cherki, A. (2006): Frantz Fanon: A Portrait (Engl., Translated from the French by Nadia Benabid. Ithacia, New York,), Cornell University Press, USA, (Orig.: Paris, 2000), alle deutsch übersetzt H.O.*

51 *Fanons Lebenszeit war vom Algerienkrieg geprägt, der die Zeitspanne von 1954-62 umfasst. Im Jahr 1954 wurde die FLN (Nationale Befreiungsfront) gegründet, die die Unabhängigkeit mit Gewalt erreichen wollte. Dafür wurde als eigener Zweig die ALN (Nationale Befreiungsarmee) gebildet, um aus dem Maquis (Untergrund) heraus die französische Armee anzugreifen und Attentate zu planen. In jedem Wilaya (Provinz) gab es eine eigene Verwaltung und eine militärische Abteilung. Im Jahre 1956 wurden die Nachbarstaaten Marokko und Tunesien von Frankreich unabhängig. Ab diesem Zeitpunkt wurde auf dem gesamten algerischen Gebiet gekämpft. Im Jahr 1958 wurde die Exilregierung der FLN gegründet um Rückendeckung von anderen Ländern zu erhalten. Drei Jahre später wurde die geheime militärische Organisation (OAS) gegründet. Im Zuge der „Politik der verbrannten Erde" stieg die Zahl der Attentate. Die Pieds-Noirs („Schwarzfüße", Nachfahren der Kolonisatoren) verließen das Land zuhauf. Frieden kam erst nach Verhandlungen zwischen der FLN und Frankreich in Évian-les-Bains zustande. Nach dem dort vereinbarten Referen-*

*dum am 1. Juli 1962 mit 99,7 % Beteiligung wurde am 3. Juli 1962 die Unabhängig-
keit erklärt. Erst 1999 sei der Algerienkrieg – oder der 'Krieg ohne Name' (Macey,
S. 15) – von Frankreich als real geschehen anerkannt worden. Noch heute gebe es
Unwohlsein, wenn er erwähnt werde. (Macey, ebd.) --- Im Vorlauf war die wirt-
schaftliche Entwicklung des Landes desaströs: Zwischen den Jahren 1872 und 1952
nahm die kultivierte Fläche Algeriens extrem ab. Von den landesüblichen Produkten
Oliven, Feigen, Datteln, Trockengemüse und Fleisch wurde im Laufe der Jahrzehnte
immer weniger produziert. Seit dem Jahr 1935 drohte immer Hunger. Ab vier Jahren
später wurde chronische Unterernährung normal. Weizen, Gerste und Reis mussten
für die Bevölkerung gekauft werden. Zum Vergleich: Während der Aufstände in Algerien gelang eine Produktion von Essbarem mit einem Gesamt von 3200 Kalorien
für jede Kämpferin! (Fanon)*

[52] *1635 französische Kolonialisierung mehrerer karibischer Inseln, unter anderem
Martinique, seit 1946 Übersee-Departement und Teil der EU, Wikipedia, Zugriff
15.12.2018*

[53] *Aus: Macey, D. (2012): Frantz Fanon, A Biography. London (Orig.: New York City,
2000), alle deutsch übersetzt H.O.*

[54] *Aus: Fanon, F. (2015[15]): Die Verdammten dieser Erde, Vorwort von Jean-Paul Sartre.
Frankfurt/M.: Suhrkamp*

[55] *Einzelbilder einer Aneinanderreihung von solchen*

[56] *Deutschland ist übrigens unter den größten vier Lieferanten der Welt.*

[57] *http://www.zeit.de/2004/19/L-Satrapi, 28. Januar 2018*

[58] *Karl Marx, MEW 23 (Das Kapital, Band 1)*

[59] *Karl Marx, Der 18. Brumaire des Louis Bonaparte, MEW 8/115, 1852,
zit. nach „Marx für alle", Berlin 2004[2]*

[60] *https://www.wikigender.org/wiki/marjane-satrapi/, 28. Januar 2018*

61 *Auf den sich (...) meist doppelseitig erstreckenden Bildern „wimmelt" es von Details, Menschen, Tieren und Dingen, sogenannte Wimmelbilder (...). Innerhalb eines Bildes werden Dutzende kleine Alltagsszenen dargestellt, die miteinander durch die gemeinsame Umgebung, wie zum Beispiel einen Zoo, eine Stadt oder einen Bauernhof, verbunden sind.*
https://de.wikipedia.org/wiki/Wimmelbilderbuch, 14. Januar 2018, gekürzt H.O.)

62 *Bildmotiv von Thomas Thiesen, der hier auch koloriert hat*

63 *Widerstandskraft*

64 *Inka Mühlbrandt, Leben – Is(s) doch einfach!,*
IRRTURM Nr. 27, Dazugehören, Bremen 2015, S. 116

65 *WAS IST WAS, Bd. 88, Andrea Schaller, Ritter, Burgen. Turniere, edle Frauen,*
Nürnberg 2014, S. 17

66 *http://universal_lexikon.deacademic.com/116471/Rosinante, Zugriff am 21.12.2016*

67 *Schaller, S. 6*

68 *Span. ‚verarmter Edelmann'*

69 *Diese berühmten Windmühlen werden auch in Pierret/Venzani, HIDALGOS, 1. Don Miguel, Bronckhorst-Zelhem (NL) 2004 zitiert, als Cervantes auf einem Bild daran vorbei reitet (S. 14). In diesem Comic wird in ebenfalls brillant-kunstvoller Weise das Leben von Cervantes von Don Quijote erzählt.*

70 *Presseerklärung*

71 *„Arbeit", S. 228*

72 *Mail Larissa Bertonasco, 20. Februar 2019*

73 *Ernst Lohoff unter anderem (Hg.): „Dead Men Working", Unrast-Verlag 2004, darin: „Infantilisierung bis zum Windelstadium" von Maria Wölflingseder*

74 https://www.abendblatt.de/vermischtes/article107233605/Kassiererinnen-tragen-Windeln.html,
TOILETTEN-VERBOT, 04.05.07, Zugriff 20.08.2019

75 Heutige Rechtsprechung zu Toilettengang in Deutschland:
https://www.kanzlei-hasselbach.de/2016/gehoeren-toilettenpausen-zur-arbeitszeit/08/

76 Bildinterpretation S. 144

77 S. 148

78 S. 201

79 DGPPN, Zahlen und Fakten der Psychiatrie und Psychotherapie, Stand: Juli 2019, Zugriff Factsheet August 2019

80 https://unternehmen-inklusiv.de/Flyer_UnternehmenInklusiv.pdf

Quellen:

*Viele Quellen sind ohne Angabe zitiert, jedoch bei der Autorin vorhanden.
Näheres auf Anfrage bei der Autorin: h2oldenburg@gmx.de*

*S. Duda, L. Pusch, Wahnsinnsfrauen Bd. 1, 1992,
https://de.wikipedia.org/wiki/Johanna_(Kastilien)
Wikipedia*

Lisa Landsteiner, PLATZ NEHMEN – Zur Psychologie des Sitzens am Ort der Psychiatrie, Bielefeld 2017; Sabine Weiss, Zur Herrschaft geboren: Kindheit und Jugend im Haus Habsburg von Kaiser Maximilian bis Kronprinz Rudolf, Innsbruck/Wien 2008; www.epilepsiemuseum.de/

Leitner, Thea, Skandal bei Hof, Frauenschicksale an europäischen Königshöfen, München 1995; Wikipedia; www.Fembio.org

Peer Meter, Barbara Yelin, GIFT, Berlin 2010; Wikipedia

Frances Hodgson Burnett, The Secret Garden, 1911, Retold and with Activities by Jane Bowie, Teen ELI Readers, 2011 Italien; Frances Hodgson Burnett, The Secret Garden, AERIE Books Limited, 275 p., 1988 (?); Wikipedia

*Erika Bestenreiner, Die Frauen aus dem Hause Coburg, München 2008
Prinzessin Louise von Coburg geb. Prinzessin von Belgien, Throne, die ich stürzen sah, Wien, Taschenbuch – 1. Januar 1926 (11925); Karl Kraus, „Irrenhaus Österreich" in: Die Fackel, Nr. 166, VI. Jahr, Wien, 6. Oktober 1904; Wikipedia
José-Louis Bocquet & Catel Muller, KIKI de Montparnasse, Hamburg 2011 (42014); Wikipedia*

Buck, Dorothea, Psychosen verstehen, Flyer, Paranusverlag; Buck-Zerchin, Dorothea Sophie, Auf der Spur des Morgensterns – Psychose als Selbstfindung, Neumünster/ Norderstedt 20072; Buck-Zerchin, Dorothea Sophie, LASST EUCH NICHT ENTMUTIGEN (Texte 1968-2001); Pohlmeier, Alexandra, „Himmel und mehr – Dorothea Buck auf der Spur", Buch/Regie/Kamera/Schnitt/ Produktion: Alexandra Pohlmeier, 2003-2009; www.irremenschlich.de, Zugriff am 24. Juni 2010

Siegfried Niedergesäß, COMPACT MINIBIOGRAPHIE, Marilyn Monroe, München 1993; Wikipedia; YouTube
Das Leben der Bettelkönigin, die Lebensgeschichte der Hamburger Malerin Hildegard Wohlgemuth in ihren eigenen Bildern – mit Gedichten der Schriftstellerin Hildegard Wohlgemuth – eine Begegnung, die im Leben so nie stattfand – Hrsg. „Irre menschlich Hamburg", Hamburg o.J.; Thomas Bock, Irene Stratenwerth, Hildegard Wohlgemuth: Die Bettelkönigin, Buch und Hörspiel (Kids in Balance), Köln 2013 (Erstveröffentlichung Kore, Freiburg i. Br. 1998); Irre menschlich Hamburg e.V., Martinistraße 52, 20246 Hamburg, Telefon 040-7410-59259, info@irremenschlich.de ; http://www.erepro.de/info-und-diskussion/hildegard-wohlgemuth-und-ihre-kunst/ ; Mail Thomas Bock, Mail vom 22. Juli 2020

Jean P. Sasson, Ich, Prinzessin aus dem Hause Al Saud, Ein Leben hinter tausend Schleiern, München 1992: Jean P. Sasson, Princess Sultana's Daughters, Thorndike, Maine, USA 1994/5; Hamed Abdel-Samad, Der Koran, Botschaft der Liebe, Botschaft des Hasses, München 2016;
Wikipedia

Karla Kundisch, stundenlang Frühling, Dresden 2012; karla.kundisch@gmx.de
Wikipedia, www.settelen.com/diana_eating_disorders.htm, div. engl. und deutsche Hochglanzmagazine der 80er und 90er Jahre, Übersetzungen: H. O.

Mailverkehr mit der Autorin;
http://www.bptk.de/presse/ ; http://fixpoetry.com/feuilleton/fixative/2072.html

Scibberas, K. and D. M. Stone, Caravaggio, Art, Knighthood, and Malta, Valetta 2006; Wikipedia

Daniel Paul Schreber, Denkwürdigkeiten eines Nervenkranken, nebst Nachträgen und einem Anhang über die Frage: ›Unter welchen Voraussetzungen darf eine für geisteskrank erachtete Person gegen ihren erklärten Willen in einer Heilanstalt festgehalten werden?‹ Mutze, Leipzig 1903

Karl May, Mein Leben und Streben, Hildesheim/ New York 1982

https://de.wikipedia.org/wiki/Friedrich_Nietzsche , Zugriff 27. April 2020

https://de.wikipedia.org/wiki/Erich_Maria_Remarque#Emigration_in_die_Schweiz,
Zugriff 27. April 2020

Camus, A. (2009): L'hôte, Cornelsen, Berlin; Cherki, A. (2006): Frantz Fanon:
A Portrait (Engl., Translated from the French by Nadia Benabid. Ithacia, New York,),
Cornell University Press, USA, (Orig.: Paris, 2000 (Frz.)); Fanon, F. (201515): Die
Verdammten dieser Erde, Vorwort von Jean-Paul Sartre. Frankfurt/M.: Suhrkamp;
Macey, D. (2012): Frantz Fanon, A Biography. London (Orig.: New York City, 2000);
Siehe auch: https://www.biapsy.de/index.php/de/9-biographien-a-z/278-fanon-frantz

André Franquin, Schwarze Gedanken (Orig. Idées noires), 1983, dt. 2005 (Volksver-
lag), Neuauflage Carlsen Verlag Hamburg 2017;
https://de.wikipedia.org/wiki/Andr%C3%A9_Franquin, Zugriff 13. Januar 2018;
https://www.thalia.de/shop/home/rubrikartikel/ID62427462.html?ProvID=
11000522, Zugriff 20. Januar 2018

Marjane Satrapi, „Persepolis", 2000-03, L'Association/frz., 2 Bände, dt.: Edition
Moderne, Zürich 2004; hier: Süddeutsche Zeitung Bibliothek, Graphic Novel Nr. 2,
München 2011;
https://de.wikipedia.org/wiki/Persepolis, 25. Januar 2018;
https://de.wikipedia.org/wiki/Marjane_Satrapi, 25. Januar 2018;
https://de.wikipedia.org/wiki/Persepolis_(Comic), 25. Januar 2018;

Karl Marx, MEW 23 (Das Kapital, Band 1); Karlen Vesper, Marx für alle,
Berlin 2004²

Willi Blöß, Der Krawall der Irren, Aachen 2008;
https://de.wikipedia.org/wiki/George_Grosz, Zugriff am 13. Januar 2018

Matthew und Ainsley Johnstone, Mit dem schwarzen Hund leben: Wie Angehörige
und Freunde depressiven Menschen helfen können, ohne sich dabei selbst zu verlieren.
Gebundene Ausgabe, München 2009 (Orig. Sydney 2008)

Lesley Fairfield, „Du musst dünn sein – Anna, Tyranna und der Kampf ums Essen",
Patmos-Verlag, Ostfildern 2011; Inka Mühlbrandt, „Leben – Is(s) doch einfach!",
IRRTURM Nr. 27, Bremen 2015;
Wikipedia

Eric Corbeyran (Text)/Thierry Murat (Zeichnungen): Lauras Lied (Elle ne pleure pas, elle chante), nach dem Roman von Amélie Sarn, aus dem Französischen von R. Rebiersch, Softcover, farbig, 100 S., Schreiber & Leser Verlag, München 2011; Internet, Zugriff am 13.10.2016; Irmgard G., „Es war einmal …", aus: IRRTURM, Ausgabe 27, Dazugehören, Bremen 2015, S. 66-75a

Miguel de Cervantes, Don Quijote, dtv, München 111998; Miguel de Cervantes, Don Quijote, Brockhaus Literaturcomics, München 2012; Pierret/Venzani, HIDALGOS, 1. Don Miguel, BL Zelhem 2004; WAS IST WAS, Bd. 88, Andrea Schaller, Ritter, Burgen. Turniere, edle Frauen, Nürnberg 2014

SPRING No. 15, Arbeit, zweifarbig, zweisprachig, mairisch Verlag, Hamburg September 2018, www.springmagazin.de

Bildrechte/Fotografinnen:

Cover: „Heike Oldenburg mit Heini Holtenbeen, Bremen": Tim Lovis

„Krönungskutsche von Maria Theresia in Wien – Detail": Heike Oldenburg

„Gesche Gottfrieds Totenmaske im Fockemuseum Bremen": Heike Oldenburg

Gedicht Lene Voigt „Nu grade": Lene-Voigt-Gesellschaft, Leipzig

„Dorothea Buck, 1956 zwischen zweien ihrer Werke": © Privatbesitz Dorothea Buck

„Dorothea Buck mit 99 Jahren": Alexandra Pohlmeier

Fotografinnen unbekannt, alle drei zur Verfügung gestellt vom Wohlgemuth-Archiv Bayreuth: Dr. Heike Schulz

Gedicht Karla Kundisch „einen Vogel haben": Karla Kundisch

„Lady Diana auf nordkoreanischen Briefmarken": Günter Ali Markgraf

„Annette Wilhelm als Diplompsychose – eindrucksvoll illustriert" und
„Der Teufel ist immer und überall von Annette Wilhelm": beide Annette Wilhelm

Gedicht Nicoleta Craita Ten`o „Süße": Nicoleta Craita Ten`o

„Porträt Caravaggio – Posthum von Ottavio Leoni, um 1621", Wikimedia Commons:
„A portrait of the Italian painter Michelangelo Merisi da Caravaggio",
Künstler: Ottavio Leoni, circa 1621, Biblioteca Marucelliana, Quelle/Fotograf: milano.it

„Aus dieser Barttasse trank Friedrich Nietzsche Kaffee": Heike Oldenburg

Heinrich Vogeler um 1924 auf einer Fotografie von Nicola Perscheid

„Portrait von Frantz Fanon", Wikimedia Commons: Portrait of Frantz Fanon
(1925-1961), Autor: unbekannt, Quelle/Fotograf: Pacha Willka, 31. Januar 2012

„Willi Blöß – GEORGE GROSZ, Der Krawall der Irren" und „Überzeugte Psychiater –
Grosz kann wohl nur verrückt sein.": beide Willi Blöß

„Rennen, rennen, rennen …" und „Existieren allein reicht schon.":
beide Larissa Bertonasco

„Autorin auf dem Hof des Wichernhauses": Rahel Strobel

Dankeschön

Ich danke meinem Lebenspartner Tim, der mir immer mit offenem Ohr und zugewandtem Blick zur Seite stand und mich schützend begleitet. Seine Kenntnisse im graphischen Bereich sowie in der Comic-Welt waren sehr hilfreich. Vielen Dank an ihn für das Titelbild.

Heike Dietzmann, Verein für Innere Mission in Bremen, danke ich für ihre Offenheit, ihre Aufmerksamkeit, ihr Vertrauen und ihre bestärkende Unterstützung bei dem Buchprojekt. Ihr verdanke ich auch die Finanzierung des Buches.

wurde 1962 geboren und lebt in Bremen. Sie hat Anglistik und Psychologie studiert. Langjähriges psychosoziales Engagement. Sie arbeitet ehrenamtlich in folgenden Bereichen: Schreiben von Artikeln und Buchbesprechungen, Lesungen eigener und fremder Texte, Stadtführungen zur jüngeren Psychiatriegeschichte. Mitglied in der EXPA-trialog.de. Ihre Interessen sind Comics/Graphic Novels, starke Frauen, Lachen.

Seit 1989 Psychiatrieerfahrene, seit 2001 Rollator-Nutzerin.

Die Autorin auf dem Hof des Wichernhauses